Der Nachfolge-Fahrplan für GaLaBau-Betriebe

Günter Beier

Unternehmensberater und Mediator

Impressum

1. Auflage, 2026

Autor: Günter Beier

Beier Consulting, Waghäusel bei Karlsruhe

www.gebeier.de

info@gebeier.de

Verlag:

BoD · Books on Demand GmbH, Überseering 33,

22297 Hamburg, bod@bod.de

Druck:

Libri Plureos GmbH, Friedensallee 273, 22763 Hamburg

ISBN: 978-3-6963-5363-6

Haftungshinweis:
Dieses Buch dient der allgemeinen Information. Es ersetzt keine Steuer-, Rechts- oder Unternehmensberatung im Einzelfall. Alle Zahlenbeispiele und Erfahrungswerte sind Richtwerte aus der Beratungspraxis des Autors. Für individuelle Entscheidungen ist immer ein qualifizierter Fachberater hinzuzuziehen.

Alle Namen und Unternehmen in den Praxisbeispielen wurden geändert. Übereinstimmungen mit realen Personen oder Betrieben sind nicht beabsichtigt.
Für Gestaltung und Realisierung des Projektes wurden unterschiedliche Ki-Anwengungen genutzt.

Inhalt

Geleitwort **6**

Vorwort **9**

Kapitel 1: Warum du das Thema nicht mehr aufschieben kannst **12**

Warum ich dieses Buch geschrieben habe 13

Drei Zahlen, die du im Kopf behalten solltest 14

Die fünf Fragen, an denen jede Nachfolge hängt 15

Kapitel 1b: Was passiert, wenn du morgen nicht mehr da bist? **22**

Die fünf Bausteine deiner Notfallabsicherung 25

Checkliste: Der 90-Minuten-Notfallordner 28

Kapitel 2: Was dein Betrieb wirklich wert ist **33**

Der Wertbegriff hat sich gedreht 34

Die sieben Werttreiber im GaLaBau 36

Wie misst man den Wert konkret? 38

Was den Wert killt 43

Kapitel 3: Der Nachfolge-Fahrplan **51**

Phase 1: Orientierung (5+ Jahre vorher) 54

Phase 2: Struktur aufbauen (3 bis 5 Jahre) 56

Phase 3: Vorbereiten (12 bis 24 Monate) 59

Phase 4: Übergeben und Stabilisieren (0 bis 12 Monate) 61

Kapitel 4: An wen übergibst du? 66
Die fünf Übergabemodelle 69
Wo findest du den Nachfolger? 73
Die weichenden Erben: Der unterschätzte Sprengsatz 80
Was dein Nachfolger wissen muss, bevor er unterschreibt 87

Kapitel 5: Steuern, Recht, Form 96
Aufräumen vor der Übergabe 98
Asset-Deal oder Share-Deal 100
Die Rechtsform für die Zukunft 102
Welche Berater du wirklich brauchst 108

Kapitel 6: Was Käufer sehen wollen 114
Die sechs Punkte, die jeder Käufer prüft 114

Kapitel 7: Die typischen Stolperfallen 125
Sechs Fehler mit Frühwarnsignal und Lösung 125

Kapitel 8: Die ersten zwölf Monate 140
Die Metamorphose: Vom Meister zum Unternehmer 141
Das Team in der Übergangsphase 143
Controlling und Kapitaldecke 144

Anhang 153
Über den Autor 153
Beratungsangebote 153
BAFA-Förderung 155
Glossar 156
Weiterführende Literatur 158

Geleitwort

Von den Wurzeln bis zur Krone: Warum die Nachfolge unser wichtigstes Projekt ist

Wenn man wie ich seit nunmehr 30 Jahren im Garten- und Landschaftsbau tätig ist, lernt man eine grundlegende Wahrheit: Nichts wächst von heute auf morgen. Jeder prachtvolle Baum, jeder harmonisch angelegte Garten und jedes gesunde Unternehmen braucht Zeit, Pflege, einen guten Boden und vor allem – einen Plan.

In drei Jahrzehnten Facherfahrung durfte ich unzählige Gärten wachsen sehen. Doch das größte und emotionalste Projekt, das wir als Unternehmer im GaLaBau jemals anfassen, ist kein Großprojekt beim Kunden. Es ist unser eigenes Lebenswerk. Es ist die Frage: Was passiert mit dem Betrieb, den wir mit so viel Herzblut, Schweiß und schlaflosen Nächten aufgebaut haben, wenn wir einmal nicht mehr am Steuer sitzen?

Als Familienvater von zwei Söhnen und Ehemann einer wundervollen, starken Frau, die mir all die Jahre den Rücken freigehalten hat, weiß ich, wie tief die Linien zwischen Beruf und Privatleben in unserer Branche miteinander verwoben sind. Unsere Betriebe sind oft wie ein drittes Kind. Man sorgt sich, man investiert, man lässt sie wachsen. Und genau deshalb fällt das Loslassen so unendlich schwer. Wir wünschen uns Nachfolger, die brennen – am liebsten natürlich aus der eigenen Familie. Doch wir müssen auch ehrlich genug sein, um zu fragen: Ist das wirklich ihr Weg? Und haben wir den Übergang so vorbereitet, dass er für alle Seiten ein Segen ist und kein Sprengsatz für den Familienfrieden?

In meiner Rolle als Geschäftsführer beim Fachverband des Garten-, Landschafts- und Sportplatzbaus Hessen-Thüringen sehe ich Jahr für Jahr beide Seiten der Medaille. Ich sehe die großartigen Erfolgsgeschichten, in denen Betriebe erfolgreich in die nächste Generation gleiten und mit frischen Ideen neu erblühen. Und ich sehe leider auch die Tragödien: Betriebe, die nach einem plötzlichen Krankheitsfall des Inhabers innerhalb weniger Monate führungslos zerbrechen, weil kein Notfallordner existierte. Oder Übergaben, die am Ende scheitern, weil der Senior nicht rechtzeitig gelernt hat, die Hände in die Taschen zu stecken und dem Nachfolger den nötigen Freiraum zu überlassen.

Nachfolge ist kein bürokratischer Akt, den man mit einer Unterschrift beim Notar an einem Freitagnachmittag erledigt. Nachfolge ist ein Prozess, der Jahre dauert. Sie ist wie die Vorbereitung eines neuen Pflanzbeetes: Man muss den Boden tiefgründig lockern, Unkraut entfernen, Dünger einarbeiten und den jungen Trieben Zeit geben, eigene Wurzeln zu schlagen.

Genau hier schlägt dieses Buch von Günter Beier eine unverzichtbare Brücke. Es ist kein trockenes Theorie-Werk. Es spricht unsere Sprache – die Sprache der Praxis, des Klartexts und des unternehmerischen Alltags im GaLaBau. Günter Beier legt den Finger in die Wunden, die wir Unternehmer gerne mit Ausreden wie „Dafür habe ich heute keine Zeit, das Tagesgeschäft brummt“ zudecken. Er zeigt uns aber gleichzeitig den exakten Fahrplan, wie wir die Stolperfallen umgehen, den echten Wert unseres Betriebs steigern und den Übergang für Familie, Mitarbeiter und Kunden zu einem Erfolg machen.

Ich wünsche Ihnen beim Lesen dieses Buches den Mut, sich den unbequemen Fragen zu stellen, und die Tatkraft, die ersten Schritte lieber heute als morgen zu gehen. Für Ihr Lebenswerk, für Ihre Familie und für die Zukunft unserer wunderbaren grünen Branche.

Herzlichst,

Silvio Michael

Landschaftsgärtner aus Leidenschaft & Geschäftsführer des FGL Hessen-Thüringen e.V.

Vorwort

Ich war mitten in meiner Meisterschulzeit, als mein Vater starb. Plötzlich, ohne Vorwarnung, ohne Übergangsplan. Von einem Tag auf den anderen war ich Inhaber eines Betriebs, den ich so nicht gewählt hätte. In einem Beruf, der nicht mein Traum war. Mit Verantwortung, für die ich nicht bereit war.

Jeder Fehler ab diesem Tag kostete mein eigenes Geld. Meine eigene Zeit. Meine eigene Kraft. Und niemand konnte mir sagen, welche Alternativen ich gehabt hätte. Ob es auch anders gegangen wäre. Was klug gewesen wäre.

Genau das ist der Kern dieses Buches.

Für wen ist dieses Buch?

Für dich, wenn du heute Inhaber bist und irgendwann übergeben willst. Für dich, wenn du gerade dabei bist, einen Betrieb zu übernehmen. Für dich, wenn du aus der Selbständigkeit heraus willst und nicht weißt, wie. Und für dich, wenn du noch am Anfang stehst und schon verstehen willst, wie das Ende dieses Weges funktioniert.

Denn eines ist sicher: Irgendwann kommt die Zeit der Übergabe. Für jeden Unternehmer. Die Frage ist nicht ob, sondern wann. Und vor allem: wie vorbereitet.

Wer einmal Erfahrung mit Übergabeprozessen gemacht hat, geht auch in seinen eigenen leichter hinein. Er kennt die Phasen. Er kennt die Fallstricke. Er weiß, was auf ihn zukommt.

Dieses Buch soll dir genau diese Erfahrung geben, ohne dass du zuerst selbst stolpern musst.

> ***Der ärgste Feind bei jeder Übergabe ist, keine Ahnung über die Alternativen zu haben.***

Was ich in über 200 Beratungen immer wieder sehe: Inhaber gehen in eine Übergabe mit einer Zahl im Kopf und ohne Plan B. Sie kennen ein Modell, manchmal auch zwei. Den Rest haben sie nie ernsthaft durchgerechnet. Und weil niemand ihnen die Alternativen gezeigt hat, entscheiden sie unter Druck, mit zu wenig Zeit und zu wenig Wissen.

Das kostet. In beinahe jedem Fall. Manchmal Hunderttausende Euro. Manchmal die besten Mitarbeiter. Manchmal die Gesundheit.

Wer seine Alternativen kennt und sie gut durchgerechnet hat, entscheidet anders. Ruhiger. Klarer. Mit mehr Spielraum. Das ist kein Zufall. Das ist Vorbereitung.

Das zweite, was dieses Buch ansprechen will: die Übergabe selbst.

Eine Einarbeitung ohne Verantwortungsstresstest geht meistens schief. Wer einen Nachfolger aufbaut, der nie wirklich allein Entscheidungen treffen musste, wer jemanden übernehmen lässt ohne vorher zu wissen, wie er unter Druck handelt: Der übergibt ein Risiko, kein Unternehmen.

Verantwortung lernt man nicht in Schulungen. Man lernt sie, indem man sie trägt. Mit Konsequenz, mit Begleitung, mit ehrlichem Feedback. Das klingt hart. Es ist die freundlichste Variante, die es gibt.

Was dieses Buch nicht ist

Kein Lehrbuch. Keine Anleitung zum Selbermachen bei Steuern und Recht. Kein Ersatz für Steuerberater, Anwalt oder erfahrene Begleitung. Die Themen in diesem Buch sind ernst. Sie brauchen Profis.

Was dieses Buch ist: Vorbereitung für das Gespräch mit diesen Profis. Orientierung, bevor du in die Details gehst. Erfahrungswissen, das ich in Jahren gesammelt habe, damit du es nicht selbst sammeln musst.

Ich wünsche dir beim Lesen mehr Klarheit. Mehr Mut. Und vielleicht das eine oder andere Mal das Gefühl: Das kenne ich. Das betrifft mich. Da muss ich anfangen.

Genau dieser Moment ist es, auf den das Buch wartet.

Günter Beier

Unternehmensberater und Mediator

Waghäusel Mai 2026

www.gebeier.de

KAPITEL 1

Warum du das Thema *nicht mehr aufschieben kannst*

Nachfolge ist kein Termin. Nachfolge ist ein Prozess. Wer mit dem Prozess zu spät anfängt, hat keine Wahl mehr. Er kriegt einen Termin verpasst. Meistens den falschen.

> ***Es gibt keinen guten Zeitpunkt, mit dem Nachdenken anzufangen. Aber es gibt einen schlechten: zu spät.***

Drei Fragen, die dieses Kapitel beantwortet

1. Warum schieben gerade fähige Inhaber das Thema so lange auf?

2. Was passiert, wenn die Übergabe nicht geplant kommt, sondern dich überrollt?

3. Womit fängst du an, wenn du heute den ersten Schritt machen willst?

Warum ich dieses Buch geschrieben habe

Mein persönlicher Albtraum fing in der Mitte meiner Meisterschulzeit an. An einem kalten Februartag verstarb mein Vater. Ich hatte plötzlich alles. Nur keine Ahnung vom Unternehmertum. Und niemanden mehr, den ich fragen konnte.

Jeder Fehler ab diesem Tag kostete mein eigenes Geld. Nicht Papas Geld. Nicht Lehrgeld. Mein Geld. Und wir reden nur von Geld. Der Verlust und die zusätzliche Verantwortung stehen mal außen vor.

Das war Chance und Fluch zugleich. Heute kann ich viel über Unternehmen erzählen: über Chancen, Risiken, und vor allem darüber, was passiert, wenn man unvorbereitet in eine Übergabe geht. Das ist ein Kapital, von dem du profitieren kannst.

Auch wenn Unternehmensübergaben in der Regel eleganter über die Bühne gehen können.

Was ich seitdem in der Beratung sehe

In jeder zweiten Beratung sitzt ein Inhaber vor mir, der das Thema Nachfolge fünf, sieben, manchmal zehn Jahre vor sich hergeschoben hat. Aus guten Gründen. Es brennt ja nichts. Der Laden läuft. Man ist 55, dann 60, dann auf einmal 64 und das Knie zwickt.

Und plötzlich ist es nicht mehr irgendwann mal, sondern nächstes Jahr. Und dann sitzt man da: ohne Plan, ohne Käufer, ohne Steuermodell, ohne Nachfolger, ohne irgendeine Exitstrategie für den Ruhestand.

Drei Zahlen, die du im Kopf behalten solltest

Bevor wir in die Tiefe gehen: drei Zahlen, die alles erklären.

3 bis 7 Jahre Vorlauf braucht eine saubere Nachfolge	**30 bis 50 %** Wertverlust bei Notfallübergaben	**25 %** der Kinder übernehmen den elterlichen Betrieb

Erfahrungswerte aus meiner Beratungspraxis und Studien des IfM Bonn. Bandbreiten variieren je nach Betriebsgröße, Branche und regionaler Marktlage.

Was diese Zahlen bedeuten

Drei bis sieben Jahre Vorlauf. Die meisten Inhaber beginnen damit, sich ernsthaft mit dem Thema zu beschäftigen, wenn der Verkauf noch zwölf Monate weg ist. Das ist zu spät. Strukturen ändern, Zahlen sauber machen, Steuern optimieren: Das dauert.

30 bis 50 Prozent Wertverlust. Das ist der Preis, den eine Notfallübergabe kostet. Plötzlicher Verkauf bei Krankheit, Tod oder Geldnot: Der Käufer riecht es, und der Preis fällt.

Nur jedes vierte Kind übernimmt heute noch den elterlichen Betrieb. Familiennachfolge ist heute die Ausnahme, nicht die Regel. Wer mit dieser Annahme plant, plant am Markt vorbei.

Die fünf Fragen, an denen jede Nachfolge hängt

Wenn du nur eines aus diesem Buch mitnimmst, dann diese fünf Fragen. Sie sind der Rahmen. Alles andere ist Detail.

1. **Wer übernimmt?**

Familie, Mitarbeiter (MBO), externer Käufer (MBI), Wettbewerber oder eine schrittweise Beteiligung: Jede Option hat einen eigenen Weg.

2. **Wann beginnen?**

Idealerweise drei bis sieben Jahre vor der Übergabe. Wer später startet, verliert Spielraum. Und Geld.

3. **Was ist der Betrieb wert?**

Ertragskraft, Struktur und Zukunftsfähigkeit. Nicht der Maschinenpark.

4. **Welche Struktur passt?**

Betriebsform, Steuern, Verträge, Rollen. Die Hülle entscheidet beim Verkauf mit.

5. **Wie wird die Zukunft gesichert?**

Finanzierung, Einarbeitung, Kunden- und Mitarbeiterbindung. Die Übergabe endet nicht beim Notartermin.

Was eine Notfallübergabe wirklich anrichtet

Statistiken sind das eine. Echte Geschichten das andere. Hier eine, die mir nicht aus dem Kopf geht.

DER PILOTENTRAUM

Die Übergabe kam plötzlich. Der Vater hatte Insolvenz angemeldet. Sein 17-jähriger Sohn musste den Galabau-Betrieb aus der Not heraus übernehmen. Nicht wirklich übernehmen. Dafür war er zu jung. Aber der Druck war so groß, dass sein eigener Traum, Pilot zu werden, von da an nur noch ein Traum blieb und er in die Ausbildung als Gärtner ging.

Das ist die andere Seite einer ungeplanten Übergabe. Es geht nicht nur um den Erlös, der wegfällt. Es geht um

> Lebensentwürfe, die zerbrechen. Beim Übergebenden, bei der Familie, beim Nachfolger. Wer das einmal aus der Nähe gesehen hat, schiebt das Thema nicht mehr drei Jahre auf.

Was passiert, wenn du das Thema weiter aufschiebst

Aufschieben fühlt sich harmlos an. Nichts brennt. Der Betrieb läuft. Aber im Hintergrund passieren ein paar Dinge, die später teuer werden.

Du verlierst Verhandlungsmacht

Ein Verkauf unter Zeitdruck bringt nie den vollen Preis. Käufer riechen Druck. Wenn du in fünf Jahren entspannt aus drei Interessenten den passenden auswählen kannst, kriegst du einen anderen Preis als der, der in sechs Monaten zwingend raus muss.

Du verlierst Steuerspielraum

Die Übertragung in eine günstige Rechtsform, das Ausnutzen von Freibeträgen, die Reduzierung der Steuerlast: Das alles braucht Vorlauf. Mehrere Jahre, nicht Monate. Wer zu spät anfängt, zahlt dem Finanzamt das, was er sich hätte sparen können.

Du verlierst Menschen

Mitarbeiter spüren früher als du denkst, wenn ein Inhaber sich nicht mehr engagiert. Die guten gehen zuerst. Bis die Übergabe da ist, hast du dein bestes Personal an die Konkurrenz verloren.

> **STOLPERFALLE**
>
> **Ich mach das, wenn's so weit ist.** Wenn's so weit ist, ist es zu spät. Eine Übergabe planst du in einer Phase, in der du sie noch gar nicht brauchst. Das ist genau der Punkt.

Was geplante Nachfolge anders macht

Die gute Nachricht: Wer früh genug anfängt, hat alle Karten in der Hand. Hier vier Dinge, die mit Vorlauf möglich werden, ohne Vorlauf nicht.

Du wählst aus, statt genommen zu werden

Mit Vorlauf kannst du zwischen Modellen wählen: Familie, Mitarbeiter, externer Käufer, schrittweise Beteiligung. Ohne Vorlauf nimmst du das, was übrig ist.

Du steuerst den Preis

Drei bis fünf Jahre Strukturarbeit machen den Unterschied zwischen einem 3er-Multiplikator und einem 5er-Multiplikator auf das EBITDA. Bei einem mittleren Galabau-

Betrieb sind das schnell 500.000 bis 800.000 Euro Unterschied. Erfahrungswert aus meiner Beratungspraxis, abhängig von Betriebsgröße und Ertragslage.

Du bestimmst den Übergang

Zeit, den Nachfolger einzuarbeiten. Zeit, Kunden zu übergeben. Zeit, Mitarbeitern Sicherheit zu geben. Ohne Vorlauf passiert das alles in den letzten drei Wochen vor dem Notartermin. Und entsprechend chaotisch.

Du gewinnst dein Leben zurück

Wer den Übergang strukturiert, kann zwischendurch loslassen. Erstmal eine Woche, dann zwei, dann einen Monat. Wer im Notmodus übergibt, ist bis zum letzten Tag im Vollgas. Und danach völlig ausgelaugt.

Jetzt du: Wo stehst du heute?

Drei Fragen. Beantworte sie ehrlich. Schreib direkt rein. Was du schreibst, hilft dir später. Was du nur denkst, ist morgen weg.

JETZT DU

1. In wie vielen Jahren willst du den Betrieb übergeben?

___

2. Was hält dich davon ab, heute den ersten Schritt zu machen?

___

3. Mit wem könntest du in den nächsten 14 Tagen über das Thema sprechen?

___

DEINE WOCHEN-AUFGABEN

☐ **Eine Stunde Stille einplanen.** Kein Telefon, keine Mitarbeiter, kein Tagesgeschäft. Setz dich hin und schreib auf, wie du dir die nächsten zehn Jahre vorstellst: privat und beruflich. Nicht denken, schreiben.

☐ **Mit einer Person darüber reden.** Partner, ein guter Freund, dein Steuerberater. Erstes Aussprechen ist der schwerste Schritt. Danach geht's leichter.

☐ **Den Online-Selbstcheck machen.** Neun Fragen, fünf Minuten. Du kriegst per Mail eine erste Einschätzung deiner aktuellen Situation. Der Link steht am Ende des Kapitels.

Mach jetzt deinen Selbstcheck

Neun Fragen. Fünf Minuten. Du bekommst per Mail eine ehrliche Einschätzung, wo dein Betrieb in Sachen Nachfolge gerade steht. Kostenlos, ohne Verpflichtung.

Mehr dazu: Nachfolge-Selbstcheck
gebeier.de/nachfolge-check
9 Fragen · 5 Minuten · kostenlos

Wie es weitergeht

Du weißt jetzt, warum das Thema dringend ist. Im nächsten Kapitel gehen wir an die nächste Frage: Was ist dein Betrieb eigentlich wert? Du wirst überrascht sein, was die Antwort heute ausmacht. Und was nicht.

Bevor du umblätterst: Geh kurz raus. Atme einmal durch. Lass das eben Gelesene sacken.

KAPITEL 1B

Was passiert, wenn du morgen *nicht mehr da bist?*

Bevor wir über Werttreiber und Käuferperspektive reden: Es gibt ein Thema, das du diese Woche erledigen kannst. Und das die meisten Unternehmer nie angefasst haben.

> ***Dein Betrieb läuft morgen weiter. Auch wenn du morgen früh nicht mehr aufstehst. Vorausgesetzt, du hast heute diese fünf Dinge geregelt.***

Drei Fragen, die dieses Kapitel beantwortet

1. Was passiert in deinem Betrieb, wenn du plötzlich ausfällst?

2. Welche fünf Regelungen sichern deinen Betrieb im Ernstfall ab?

3. Wie legst du den Notfallordner in 90 Minuten an?

Der Ernstfall ist kein Szenario. Er ist Statistik.

Du hast in Kapitel 1 meine Geschichte gelesen. Mein Vater war nicht krank, er hatte nicht gewarnt. Er war weg. Von einem Tag auf den anderen. Und der Betrieb lief trotzdem weiter. Schlecht. Teuer. Aber er lief.

Was ihn fast zum Stoppen gebracht hat, waren nicht die fehlenden Maschinen oder die offenen Baustellen. Es war das Fehlende auf dem Papier. Wer unterschreibt? Wer hat Bankvollmacht? Wo liegt der Jahresabschluss? Wer ruft die Kunden an?

Das ist keine Familienstory. Das ist Betriebsrealität. Und sie kann dir genauso passieren.

1 von 4	**< 30 %**	**ø 11 Wo.**
Inhaber fällt vor dem 65. Lebensjahr länger als 6 Wochen aus (Unfall, Krankheit)	Galabau-Betriebe haben eine schriftliche Notfallregelung	dauert es, bis ein Betrieb ohne Notfallplan handlungsfähig ist

Quelle: Erfahrungswerte aus der Beratungspraxis und Statistiken des IfM Bonn. Die genauen Zahlen variieren je nach Betriebsgröße und Region, das Muster ist über alle Größen hinweg stabil.

PRAXISBOX

Stefan B., GaLaBau, 18 Mitarbeiter, Nordrhein-Westfalen.

Stefan bricht auf einer Baustelle zusammen. Herzinfarkt. Er lebt, aber er ist sechs Wochen nicht arbeitsfähig. Seine Frau ruft die Bank an, müsste einen Kredit aufnehmen, da es zu Zahlungsstockungen kommt. Der Mitarbeiter Bauleiter will Material bestellen: keine Freigabe, keine Unterschrift. Zwei größere Aufträge werden gekündigt, weil niemand verbindlich zusagt, wann weitergebaut wird.

Nach drei Wochen greift die Frau auf private Ersparnisse zurück, um die Löhne zu bezahlen. Das Finanzamt schickt eine Mahnung und die Krankenkassen wollen auch schnellst möglich bedient werden. Der Steuerberater fängt Finanzamt ab, aber unter den Mitarbeitern macht sich Unmut über die ausstehenden Gehälter breit.

Stefan ist nach acht Wochen wieder da. Aber der Schaden ist größer als der Herzinfarkt: Er verliert zwei Mitarbeiter, drei Kunden und 140.000 Euro Umsatz. **Alles davon wäre vermeidbar gewesen.**

Die fünf Bausteine deiner Notfallabsicherung

Du brauchst keine aufwendige Notfallplanung. Keine Anwaltskanzlei auf Dauer-Bereitschaft. Nur fünf Dinge, die du einmal in Ordnung bringst und dann einmal im Jahr prüfst.

Baustein 1: Prokura

Prokura ist die einfachste und wirkungsvollste Regelung, die du als Inhaber vergeben kannst. Sie gibt einer Person das Recht, deinen Betrieb vollständig nach außen zu vertreten: Verträge unterschreiben, Mitarbeiter einstellen, Rechnungen freigeben.

Wer hat in deinem Betrieb Prokura? Wenn du jetzt kurz überlegst: Dann hast du sie noch nicht vergeben.

> **PROFITIPP**
>
> Prokura wird beim Handelsregistergericht eingetragen. Das kostet rund 70 Euro und einen Nachmittag beim Notar. Sie kann jederzeit widerrufen werden. Gib sie deinem erfahrensten Bauleiter oder einer Person, der du vollständig vertraust. Damit ist das Wichtigste erledigt.

Baustein 2: Generalvollmacht / Vorsorgevollmacht

Prokura regelt den Betrieb nach außen. Die Generalvollmacht regelt alles andere: Bankkonten, die privat laufen, medizinische Entscheidungen, Immobilien. Und die Vorsorgevollmacht regelt, wer im Ernstfall medizinische Entscheidungen für dich trifft.

Das ist kein Betriebsthema. Das ist ein Familienthema. Aber ein ungeregeltes Familienthema hält deinen Betrieb auf, wenn du ausfällst.

Baustein 3: Unternehmertestament

Was passiert mit deinem Betrieb, wenn du stirbst? Wenn du kein Testament hast, entscheidet das Erbrecht. Das klingt neutral, ist es aber nicht: Eine Erbengemeinschaft kann deinen Betrieb handlungsunfähig machen. Mehrere Erben, die sich nicht einig werden, während die Baustellen weiterlaufen.

Ein Unternehmertestament legt fest, wer den Betrieb führt, wer entscheidet und wie die anderen Erben abgefunden werden. Das ist kein Thema für in zehn Jahren. Das ist ein Thema für dieses Jahr.

STOLPERFALLE

"Das Testament mache ich irgendwann mal mit dem Notar."

Dieser Satz hat mehr Familien und Betriebe zerrissen als jede Insolvenz. Weil er sich harmlos anfühlt. Weil heute nichts brennt. Weil du auch morgen noch gesund aufwachst. Bis du es nicht mehr tust.

Baustein 4: Der Notfallordner

Dein Bauleiter ist loyal, erfahren und kann Baustellen führen. Aber er weiß nicht, wo der Steuerberater sitzt. Er kennt nicht das Passwort für die Bankoberfläche. Er weiß nicht, welche Kunden besonderer Aufmerksamkeit brauchen.

Der Notfallordner schließt diese Lücke. Er ist kein Ordner im Regal, er ist ein Dokument, das du einmal anlegst und jährlich aktualisierst. Deine Familie und dein Bauleiter wissen, wo er liegt.

CHECKLISTE: DER 90-MINUTEN-NOTFALLORDNER

Lege für jeden Punkt ein Blatt oder eine Datei an. Dann weißt du: Du bist vorbereitet.

Wer darf handeln?

☐ Name und Kontakt des Prokuristen

☐ Name und Kontakt des Steuerberaters

☐ Name und Kontakt des Anwalts (Arbeitsrecht, Vertragsrecht)

☐ Wer informiert die Mitarbeiter, wenn der Chef ausfällt?

Finanzen und Zugang

☐ Bankverbindungen: Kontonummern, Bankname, Ansprechpartner

☐ Online-Banking-Zugangsdaten (sicher aufbewahrt, z. B. Tresor)

☐ Lohnbuchhaltung: Wer macht sie? Kontakt?

☐ Offene Verbindlichkeiten: Wer wird bezahlt? Wann? Wie?

Verträge und Dokumente

☐ Wo liegt der aktuelle Jahresabschluss?

☐ Wo liegen Mitarbeiterverträge?

☐ Wo liegen laufende Kundenverträge und Pflegeverträge?

☐ Wo liegt die Betriebshaftpflicht? Wann läuft sie aus?

☐ Wo liegt das Testament / der Erbvertrag?

Die Bauleiter-Notfallrolle

☐ Wer führt welche Baustellen weiter?

☐ Welche Baustellen haben Priorität?

☐ Wer informiert welche Kunden und was wird gesagt?

Wichtige Passwörter

☐ Computer-Passwörter (in sicherem Tresor, nicht im Ordner selbst)

☐ Zugang zur Auftragsverwaltungssoftware

☐ E-Mail-Zugangsdaten für Geschäftspostfach

Dieser Ordner liegt an folgendem Ort: ____________________________

Baustein 5: Der Notfallplan für Bauleiter und Vorarbeiter

Dein Bauleiter braucht keine lückenlose Unternehmensführung aus dem Stegreif. Er braucht einen klaren Fahrplan für die ersten 48 Stunden.

Wer ruft wen an? Welche Baustellen laufen weiter? Welche Aufträge haben einen Abgabetermin diese Woche? Wer spricht mit dem Steuerberater? Wer antwortet auf E-Mails?

Dieser Plan passt auf eine DIN A4-Seite. Leg ihn zusammen mit dem Notfallordner ab. Besprich ihn einmal mit dem Bauleiter, damit er nicht im Ernstfall zum ersten Mal daran scheitert.

Was mit deinen Kunden passiert

Kunden merken schneller als du denkst, wenn bei einem Betrieb etwas nicht stimmt. Ein Anruf, der nicht zurückkommt. Eine E-Mail, die zwei Wochen liegen bleibt. Ein Bauleiter, der auf der Baustelle keine Antworten hat.

Deine drei wichtigsten Kunden brauchen im Ernstfall einen direkten Ansprechpartner. Nicht eine Woche nach dem Ausfall. Am zweiten Tag.

Leg im Notfallordner fest: Wer sind die fünf wichtigsten Kunden? Wen ruft der Bauleiter als Erstes an? Was wird gesagt? Ein vorbereiteter Satz reicht. "Günter ist aus gesundheitlichen Gründen vorübergehend nicht erreichbar. Ihre Baustellen laufen weiter. Mein Name ist [Bauleiter]. Ich bin Ihr Ansprechpartner bis auf Weiteres."

Das ist alles, was Kunden in den ersten 48 Stunden brauchen.

JETZT DU

Drei Fragen. Schreib die Antworten direkt hier rein.

Frage 1: Wer hat in deinem Betrieb Prokura?

Name: ____
Falls niemand: Bis wann regelst du das? ____________

Frage 2: Wo liegt dein Testament? Wer weiß das?

Ort: ____

Frage 3: Wenn du morgen im Krankenhaus wärst: Wer würde in deinem Betrieb als Erstes wissen, was zu tun ist?

Name: ____

DEINE WOCHEN-AUFGABEN

☐ **90 Minuten Notfallordner.** Nimm das Checklisten-Raster aus diesem Kapitel. Füll es aus. Druck es aus. Leg es in einen Ordner, den deine Familie und dein Bauleiter kennen. Das ist heute machbar.

☐ **Prokura prüfen oder veranlassen.** Ruf deinen Steuerberater oder Anwalt an. Frag, wie du die Prokura für deinen erfahrensten Bauleiter einträgst. Wenn du den Anruf heute machst, ist die Prokura in zwei Wochen im Handelsregister.

☐ **Notar-Termin vereinbaren.** Testament, Unternehmertestament, Vorsorgevollmacht. Du brauchst einen Termin. Nicht dieses Jahr irgendwann. In den nächsten vier Wochen. Ruf heute an.

Wie es weitergeht

Du hast jetzt den Ernstfall abgesichert. Das war keine Nachfolgeplanung. Das war Pflicht. Aber es war auch der erste Beweis, dass du das Thema ernst nimmst.

Jetzt kommen wir zum eigentlichen Kern: Was ist dein Betrieb überhaupt wert? Und was macht ihn wertvoller, bevor du übergibst?

Das ist die Frage, an der die meisten Übergaben scheitern. Nicht am fehlenden Käufer. Nicht an der Steuer. Sondern daran, dass der Inhaber mit einer Zahl im Kopf in die Verhandlung geht, die der Käufer nie bestätigen wird.

Bevor du umblätterst: Schreib eine Person auf, die du diese Woche über deinen Notfallordner informierst.

KAPITEL 2

Was dein Betrieb wirklich wert ist *(und was nicht)*

Bevor wir über Übergabe-Modelle, Steuern oder Käufer reden, musst du eines wissen: Was du da eigentlich übergibst. Und das ist heute etwas anderes als noch vor 20 Jahren.

> ***Früher war Wert gleich Maschinen. Heute ist Wert das, was der Käufer nicht selbst aufbauen muss.***

Drei Fragen, die dieses Kapitel beantwortet

1. Warum sind Bagger und Anhänger heute weniger wert als deine Kundenliste?

2. Welche sieben Hebel machen deinen Betrieb attraktiv für einen Käufer?

3. Was killt deinen Verkaufswert, ohne dass du es merkst?

Der Wertbegriff hat sich gedreht

Vor 20 Jahren war die Rechnung einfach. Ein Galabau-Betrieb mit fünf Baggern, drei Lkw, einem Lager und ein paar Mitarbeitern hatte einen Wert, den man auf dem Papier ausrechnen konnte. Substanzwert plus ein bisschen Kundenstamm.

Heute funktioniert das nicht mehr. Und das hat einen ganz konkreten Grund: Die Einstiegshürde im Galabau ist niedriger als je zuvor.

Was sich verändert hat

Ein 25-jähriger Geselle mit Meisterbrief braucht heute keinen Millionenkredit, um anzufangen. Ein Anhänger, ein Leasing-Fahrzeug, ein Akkuwerkzeug-Set, ein Handy mit einer Buchhaltungs-App. Fertig ist die Selbständigkeit. Die ersten Aufträge kommen über Mundpropaganda und Instagram, das erste Personal kommt nach 18 Monaten.

Nach fünf Jahren steht so ein Betrieb mit 5 bis 10 Leuten da. Eigene Baustellen, eigener Fuhrpark, eigene Kunden. Das klingt erstmal gut.

5 Jahre	14 h	0 €
von 0 auf 10 Mann ist heute normal	Schnitt-Arbeitstag in dieser Phase	Pensionsrückstellung bei 80 % davon

Der Punkt, den viele übersehen

Wenn das Aufbauen so einfach ist, warum sollte irgendjemand Geld dafür bezahlen, einen Betrieb zu kaufen, wenn er sich in fünf Jahren denselben Stand selbst erarbeiten kann?

Er bezahlt dich nicht für die Maschinen. Er bezahlt dich für die Jahre Struggle, die er sich spart.

ZWEI GALABAUER IM VERGLEICH

Andreas, 38, eigener Betrieb seit 5 Jahren. 25 Mitarbeiter, gut 3 Mio Umsatz, kräftig gewachsen. Arbeitet selbst 14 Stunden, hat die BWA seit zwei Jahren nicht angeschaut. Kalkulation läuft nach Bauchgefühl. Liquidität wird immer enger, zwei harte Winter hintereinander, dazu ein paar große Kunden, die mit der Zahlung schleppen. Auftragsbuch voll, Konto leer. Müde, gestresst, immer am Anschlag.

Familie E., GaLaBau seit 1978. 17 Mitarbeiter, 2,1 Mio Umsatz. Zwei Bauleiter, die eigenständig führen. Saubere BWA, dokumentierte Stundensätze, Wartungspläne für jede Maschine. Bernhard, der Inhaber, arbeitet 35 Stunden und kann jederzeit für drei Wochen weg. Generationswechsel läuft seit einem Jahr.

Wenn beide morgen verkaufen wollen: Wessen Betrieb ist mehr wert?

Wer Andreas' Betrieb kauft, kauft den vollen Struggle gleich mit. Wer Bernhards Betrieb kauft, kauft 47 Jahre Struktur. Da liegt der Unterschied. Da liegt der Preis.

Die sieben Werttreiber im GaLaBau

Es gibt sieben Hebel, an denen sich Wert festmacht. Wenn alle sieben funktionieren, hast du einen Betrieb, der sich verkauft. Wenn drei davon kaputt sind, verlierst du beim Verkauf erheblich, selbst bei vollen Auftragsbüchern.

Erfahrungswert aus meiner Beratungspraxis. Abschläge variieren je nach Betriebsgröße, Region und Käuferkreis.

1 · Stabile Ertragskraft und saubere BWA

Drei nachvollziehbare Jahresabschlüsse. Keine Ausreißer-Jahre, die nicht erklärbar sind. Eine Marge, die zur Branche passt. Das ist das Erste, was Bank und Käufer sehen wollen.

Im Galabau typische EBIT-Marge aus meiner Beratungspraxis: 8 bis 12 Prozent, bei reinen Pflegebetrieben oft höher. Abhängig von Auftragsstruktur und Region.

2 · Verlässliche Nachkalkulation

Du weißt, was jeder Auftrag wirklich gekostet hat. Material, Stunden, Maschinenstunden, Fahrtzeiten. Nicht nach Bauchgefühl, sondern auf Knopfdruck pro Baustelle. Wer das nicht hat, kann seinen Preis nicht rechtfertigen. Auch nicht beim Verkauf.

STOLPERFALLE

Wir kalkulieren im Kopf, das passt schon. Klassischer Satz. Heißt im Klartext: Wir wissen nicht, ob die Pflastersteine im Schnitt 14 oder 23 Stunden brauchen, bis sie im Splittbett liegen. Macht im Jahr fünfstellig aus. Und beim Verkauf gibt's keinen Beleg für deine Marge.

3 · Qualifizierte Mitarbeiter und Vorarbeiter

Wer hat den Meisterbrief? Wer kann eigenständig eine Baustelle führen? Wer kann den Kunden direkt am Hof beraten? Je mehr Leute du hast, die eigenständig Verantwortung tragen, desto weniger hängt der Betrieb an dir. Das ist Geld wert. Sehr viel Geld.

4 · Kundenstamm mit wiederkehrenden Aufträgen

Pflegeverträge, Winterdienst, Rahmenvereinbarungen mit Kommunen, Hausverwaltungen mit Pflegepauschalen. Alles, was kein Einmal-Auftrag ist, sondern jedes Jahr wiederkommt. Das ist die stabile Brücke, über die der Käufer von Tag eins läuft.

5 · Solider Maschinen- und Fuhrpark

Nicht der größte Park, sondern der gepflegteste. Wartungsbücher, klare Ersatz-Pläne, kein Investitionsstau. Lieber ein Bagger weniger und alle funktionieren, als sechs Bagger und drei davon stehen immer halb defekt im Hof.

PROFITIPP

Mach dir einmal pro Jahr eine Maschinen-Bilanz: Wert, Alter, Wartungsstand, Ersatztermin. Eine Seite, sauber geführt. Käufer kriegen davon weiche Knie, im positiven Sinn.

6 · Dokumentierte Prozesse und klare Zuständigkeiten

Wer macht die Angebote? Wer plant die Baustellen? Wer ruft den Kunden zurück, wenn was nicht passt? Wenn die Antwort jedes Mal der Chef lautet, ist das ein Problem. Wenn jeder im Betrieb diese Frage in zwei Sätzen beantworten kann, ist das Gold.

7 · Geringe Inhaberabhängigkeit

Der wichtigste Punkt von allen, deshalb auch der letzte. Hier entscheidet sich, ob dein Betrieb nach deinem Ausstieg weiter Geld verdient oder zusammenbricht. Ein Käufer kauft nie dich. Er kauft, was bleibt, wenn du weg bist.

20 bis 40 %	2 Wochen
Verkaufspreis-Verlust bei hoher Inhaberabhängigkeit	solltest du wegbleiben können, ohne dass etwas eskaliert

Erfahrungswert aus meiner Beratungspraxis. Der tatsächliche Abschlag hängt von Betriebsgröße, Marktlage und Käuferstruktur ab.

Mehr dazu: Inhaberabhängigkeit reduzieren

Wie misst man den Wert konkret?

Es gibt drei Verfahren, mit denen dein Betrieb bewertet werden kann. Hier nur das Wichtigste. Wenn du tiefer einsteigen willst, schau in den Anhang.

Ertragswert (das gängige Verfahren)

Der bereinigte Gewinn (EBITDA) der letzten drei Jahre wird gemittelt und mit einem Branchen-Multiplikator multipliziert. Im Galabau liegt der typischerweise bei 3 bis 4. Nur bei sehr gut aufgestellten Betrieben mit eingespielter zweiter Führungsebene wird's auch mal 5.

Aus meiner Beratungspraxis: Multiplikatoren variieren je nach Region, Ertragslage, Personalstruktur und Käuferkreis. Mitarbeiterfluktuation und Inhaberabhängigkeit drücken die Werte im Galabau gegenüber anderen Branchen tendenziell nach unten.

Substanzwert (was wirklich da ist)

Maschinen, Fahrzeuge, Lagerbestand, Grundstücke abzüglich Schulden. Spielt nur eine Nebenrolle, außer bei sehr maschinenlastigen Betrieben.

Ein Mischwert (was am Ende gezahlt wird)

Käufer und Verkäufer einigen sich meistens irgendwo zwischen Ertrags- und Substanzwert, mit Auf- und Abschlägen für die sieben Werttreiber.

Beispielrechnung: 20-Mann-Galabau-Betrieb

Damit du eine Hausnummer hast. Reine Modellrechnung, nicht für deinen Betrieb übertragbar. Aber sie zeigt die Größenordnung.

POSITION	WERT
Umsatz (Schnitt 3 Jahre)	2.800.000 €
EBITDA (Schnitt 3 Jahre)	280.000 €
Bereinigung Inhabergehalt	+ 80.000 €
Bereinigung Sondereffekte	+ 20.000 €
Normalisiertes EBITDA	**380.000 €**
Branchen-Multiplikator (Galabau 3 bis 4)	x 3,5
Indikativer Unternehmenswert	**1.330.000 €**

Bei starker zweiter Führungsebene und Pflegeverträgen wandert der Multiplikator Richtung 4 oder 5. Bei hoher Inhaberabhängigkeit und Personalnot Richtung 3 oder darunter. Zwischen 3 und 5 liegen in der Beispielrechnung 760.000 Euro Unterschied.

Modellrechnung auf Basis typischer Beratungsfälle. Dein tatsächlicher Unternehmenswert hängt von Jahresabschluss, Bereinigungen und Verhandlung ab.

STOLPERFALLE

Das ist nicht dein Verkaufspreis. Das ist indikativer Unternehmenswert. Der echte Verkaufspreis entsteht in der Verhandlung. Beeinflusst von Marktlage, Anzahl Interessenten, Übergabe-Modell und steuerlicher Konstruktion.

PROFITIPP

Rechne den Wert nie selbst aus. Lass das vom Steuerberater oder einem Unternehmensbewerter machen.

Typische Kosten aus meiner Beratungspraxis: 500 bis 2.000 Euro, abhängig von Betriebsgröße und Datenlage. Das spart im Verkauf das Mehrfache an Verhandlungsboden.

Was den Wert auch noch ausmacht

Die sieben Werttreiber sind das Fundament. Aber im Kopf eines Käufers spielen noch ein paar weitere Faktoren mit, die in keine Tabelle passen.

Marke und Reputation

Wie wirst du in der Region wahrgenommen? Bekommst du Aufträge ohne Akquise, weil dein Name fällt? Bist du auf den Gelben Seiten der Architekten? Das lässt sich nicht messen, ist aber für Käufer Gold.

Standort und Marktposition

Wo sitzt dein Betrieb, wie ist die Region versorgt, wer sind die Wettbewerber? Ein Betrieb in einer wachsenden Region mit wenig Konkurrenz ist mehr wert als der gleiche Betrieb im überlaufenen Speckgürtel.

Bank- und Lieferantenbeziehungen

Wenn deine Hausbank dich gut kennt und Linien offen sind, übernimmt der Käufer ein laufendes System. Wenn deine

Hauptlieferanten dich seit 20 Jahren ohne Murren beliefern und Rabatte geben: Das geht mit über.

Reserven und stille Werte

Eigene Lagerhalle, abbezahlte Maschinen, Pensionsrückstellungen, Beteiligungen. Alles, was nicht direkt im Tagesgeschäft liegt, aber dem Betrieb Substanz gibt.

Eine harte Wahrheit zum Verkaufspreis

Ich erlebe das in jeder zweiten Beratung. Der Inhaber hat eine Zahl im Kopf, die der Betrieb angeblich wert ist. Diese Zahl basiert auf: den Maschinen, der gefühlten Lebensleistung, einem Vergleich mit irgendeinem Kollegen, der angeblich 2 Mio bekommen hat.

Dann kommt der Käufer. Der hat eine ganz andere Zahl im Kopf. Die basiert auf Ertragswert, Risiko, Inhaberabhängigkeit, eigener Finanzierung.

STOLPERFALLE

Der Verkaufspreis ist die Erwartung des Käufers, nicht dein Gefühl. Wer sich in seine Wunschzahl verbeißt, blockiert Verhandlungen und verbrennt Zeit. Wer mit realistischen Multiplikatoren ins Gespräch geht, kriegt am Ende oft mehr. Weil sich Käufer ernster genommen fühlen.

Mein Tipp: Lass deinen Betrieb einmal indikativ bewerten, bevor du Verkaufsgespräche führst. Du brauchst keine Punktlandung. Du brauchst eine Hausnummer, mit der du nicht in den ersten zehn Minuten als unrealistisch giltst.

Was den Wert killt

Genau so wichtig wie die Werttreiber: die Wertvernichter. Punkte, an denen Käufer den Preis nach unten drücken oder ganz aussteigen.

Hohe Inhaberabhängigkeit

Schon erwähnt, hier nochmal scharf gesagt: Wenn alles am Chef hängt, sinkt der Verkaufspreis erheblich. Das ist keine Schätzung, das ist Verhandlungspraxis.

Vermischung von privat und betrieblich

Privatwagen als Firmenwagen, das eigene Haus über die GmbH finanziert, Privatdarlehen vom Schwiegervater im Anlagevermögen, Bürgschaften persönlich übernommen. Das alles muss vor der Übergabe sauber entflochten werden. Sonst sieht der Käufer einen Zoo statt einen Betrieb.

Pensionsrückstellungen

Wenn du dir eine eigene Pensionszusage gegeben hast, steht die als Verbindlichkeit in der Bilanz. Käufer rechnen das vom Kaufpreis ab. Oft mehr, als du erwartest.

Bürgschaften: das unterschätzte Risiko

Fast jeder Galabau-Inhaber hat im Lauf der Jahre persönliche Bürgschaften übernommen. Für den Kontokorrent. Für Leasing-Verträge. Für die Mietkaution der Halle. Manchmal weiß man selbst nicht mehr, wo überall die eigene Unterschrift drunter steht.

ACHTUNG GEFAHR

Bürgschaften überleben den Verkauf nicht automatisch. Auch wenn der Käufer den Betrieb übernimmt, du haftest weiter persönlich, bis jede Bürgschaft einzeln abgelöst und entlassen wird. Wer das nicht prüft, hängt nach dem Verkauf noch jahrelang in der Haftung für einen Betrieb, der ihm nicht mehr gehört.

Was zu tun ist: Liste aller Bürgschaften erstellen (Bank, Leasinggeber, Vermieter, Geschäftspartner). Vor Verkaufsverhandlung mit jedem einzeln klären, wie die Übertragung auf den Käufer aussieht. In den Kaufvertrag aufnehmen.

PROFITIPP

Über die Bürgschaftsbanken der Fachverbände (BGL und Landesverbände) lässt sich beim Betriebswechsel schnell Klarheit schaffen: Wer welche Bürgschaft trägt, wie sie übertragen wird, wann sie ausläuft. Ein guter Grund, Verbandsmitglied zu sein.

Mehr dazu: **Bürgschafts-Inventur**

Ein Blick in die Zukunft

Neue Übergabe-Modelle setzen sich gerade durch, auch im Galabau. Mitarbeiterbeteiligung über stille Anteile, kleine AG-Strukturen, Übergabe an Mitarbeiter-Genossenschaften. Was bisher eher in der IT-Welt zu finden war, kommt langsam im Handwerk an.

Der Hebel: Mitarbeiter, die schon vor der Übergabe Anteile halten, bleiben mit höherer Wahrscheinlichkeit. Sie tragen Verantwortung mit. Sie reden den Käufer-Partner nicht schlecht. Und der Übergeber hat einen sanfteren Ausstieg.

PROFITIPP

Frühzeitig an die Altersversorgung denken. Der Verkauf deines Betriebs ist eine Säule deiner Altersversorgung, aber bitte nicht die einzige. Wer erst mit 60 anfängt, privat vorzusorgen, hat ein Klumpenrisiko.

Mehr dazu: **Mitarbeiterbeteiligung und Altersvorsorge**

Zusammenfassung dieses Kapitels

Bevor wir in die Übung gehen, hier die Kernpunkte auf einer Seite. Zum Wiederfinden, wenn du in vier Wochen das Kapitel nochmal aufschlägst.

DIE WICHTIGSTEN SÄTZE AUS KAPITEL 2

☐ Wert ist heute nicht mehr, was du hast, sondern was der Käufer dadurch nicht selbst aufbauen muss.

☐ Die sieben Werttreiber: BWA, Nachkalkulation, Mitarbeiter, Kundenstamm, Maschinen, Prozesse, Inhaberabhängigkeit.

☐ Inhaberabhängigkeit ist der größte einzelne Wertkiller. Sie kostet erheblich Verkaufspreis.

☐ Im Galabau wird typischerweise mit Multiplikatoren 3 bis 4 gerechnet. Erfahrungswert, abhängig von Betrieb und Marktlage.

☐ Den Wert nicht selbst rechnen, vom Profi machen lassen.

☐ Bürgschaften überleben den Verkauf nicht automatisch. Vor Verhandlung Inventur machen.

☐ Privat und Betrieb sauber trennen, bevor du verkaufst.

> ***Der Käufer kauft nicht deine Maschinen. Er kauft die Jahre Struggle, die er sich spart.***

Jetzt du: Werttreiber-Selbsteinschätzung

Nimm dir 15 Minuten. Bewerte jeden der sieben Werttreiber bei dir von 1 (gar nicht da) bis 5 (top aufgestellt). Sei ehrlich, niemand schaut mit. Aber sei auch nicht zu hart: das verzerrt das Bild.

WERTTREIBER	DEINE BEWERTUNG (1 BIS 5)
Stabile Ertragskraft und saubere BWA	1 2 3 4 5
Verlässliche Nachkalkulation	1 2 3 4 5
Qualifizierte Mitarbeiter und Vorarbeiter	1 2 3 4 5
Kundenstamm mit wiederkehrenden Aufträgen	1 2 3 4 5
Solider und gepflegter Maschinen-/Fuhrpark	1 2 3 4 5
Dokumentierte Prozesse und klare Zuständigkeiten	1 2 3 4 5
Geringe Inhaberabhängigkeit	1 2 3 4 5

Auswertung: 28 und mehr Punkte = guter Stand. 21 bis 27 = Aufbau-Phase. Unter 21: Jetzt ist die Zeit für Phase 2 des Fahrplans aus Kapitel 3.

Drei Fragen für dich

Schreib die Antworten direkt rein. Nicht denken, schreiben. Was du schreibst, kannst du danach nochmal anschauen. Was du nur denkst, ist morgen weg.

JETZT DU

1. **Wenn ich heute zwei Wochen ausfalle: Was geht in meinem Betrieb sofort schief?**

   ____

2. **Welcher der sieben Werttreiber ist bei mir der schwächste, und warum?**

   ____

3. **Welche Bürgschaft habe ich seit Jahren nicht mehr geprüft?**

   ____

DEINE WOCHEN-AUFGABEN

☐ **Bürgschaften-Liste erstellen.** Setz dich 60 Minuten hin, hol deine Bankunterlagen, Mietverträge, Leasingverträge raus. Schreib alles auf, wo du persönlich unterschrieben hast.

☐ **BWA der letzten 3 Jahre nebeneinander legen.** Reicht 30 Minuten. Marker raus, schau dir die Entwicklung an. Wo geht's hoch, wo runter, wo fehlt eine Erklärung?

☐ **Mit deinem Steuerberater ein Bewertungs-Gespräch vereinbaren.** Auch wenn du noch lange nicht verkaufst: Du brauchst die Hausnummer, um deine eigene Wahrnehmung zu kalibrieren.

Wenn du tiefer einsteigen willst

Eine erste Wertbestimmung schaffst du allein. Bei einer realistischen Bewertung lohnt es sich, eine externe Stimme dazuzunehmen. Mein kostenloser Online-Selbstcheck nimmt dich in 9 Fragen mit durch deine ganze Nachfolge-Situation.

Mehr dazu: Nachfolge-Selbstcheck

9 Fragen · 5 Minuten · kostenlos

Wie es weitergeht

Jetzt weißt du, was deinen Betrieb wertvoll macht. Im nächsten Kapitel geht es darum, wie du dorthin kommst, wo du hin willst: Der Nachfolge-Fahrplan in vier Phasen über fünf bis sieben Jahre.

Bevor du umblätterst: Gönn dir kurz fünf Minuten. Mach dir einen Kaffee. Lass das eben Gelesene sacken. Das ist mehr wert als sofort weiterzulesen.

KAPITEL 3

Der Nachfolge-Fahrplan

Vier Phasen über fünf bis sieben Jahre

Du weißt jetzt, was dein Betrieb wert ist und an wen du übergeben könntest. Jetzt kommt der Teil, der die meisten Inhaber überrascht: Wann genau du was tun solltest. Das ist das Herzstück dieses Buchs.

> ***Eine Übergabe ist kein Termin, sondern ein Prozess. Wer den Prozess plant, kontrolliert den Termin.***

Drei Fragen, die dieses Kapitel beantwortet

1. Warum braucht eine saubere Übergabe wirklich fünf bis sieben Jahre?

2. Welche vier Phasen gibt es und was passiert in jeder?

3. Wo musst du jetzt sofort anfangen, abhängig davon, wann du übergeben willst?

Warum eine Übergabe so lange braucht

Wenn ich Inhabern sage, dass sie fünf bis sieben Jahre für eine saubere Übergabe einplanen sollen, höre ich meistens denselben Satz: So lange? Ich will doch nur verkaufen, nicht das Unternehmen neu erfinden.

Genau das ist der Punkt. Du willst nicht das Unternehmen neu erfinden. Aber du musst es so aufstellen, dass es nach dir noch funktioniert. Und das ist mehr Arbeit, als die meisten denken.

Was alles Zeit braucht

Eine zweite Führungsebene aufbauen: zwei bis vier Jahre. Eine saubere Nachkalkulation einführen, die wirklich gelebt wird: ein bis zwei Jahre. Eine Umwandlung der Rechtsform mit Steuer-Optimierung: zwei bis drei Jahre Haltefristen. Einen Käufer suchen und Vertrauen aufbauen: sechs bis 18 Monate.

Wer all das hintereinander macht, ist bei sechs bis acht Jahren. Wer parallel arbeitet, schafft es in drei bis vier. Wer im letzten Moment anfängt, verliert erheblich vom Verkaufspreis. So einfach ist die Rechnung.

Erfahrungswert aus meiner Beratungspraxis: 30 bis 50 Prozent Wertverlust bei spätem Start. Abhängig von Betriebsgröße, Strukturstand und Marktlage.

Die vier Phasen im Überblick

Bevor wir jede Phase im Detail durchgehen, hier die Übersicht. Diese Tabelle ist das Skelett des ganzen Kapitels.

PHASE	WAS PASSIERT	ZEITRAUM	HAUPTAKTIVITÄTEN
1	**Orientierung**	5+ Jahre vorher	Ziele klären, Lebensplanung, Nachfolgerbild, private Vorsorge
2	**Struktur aufbauen**	3 bis 5 Jahre	Zahlenqualität, Prozesse, 2. Führungsebene, Abhängigkeiten reduzieren
3	**Vorbereiten**	12 bis 24 Monate	Wert ermitteln, Steuer- und Rechtskonzept, Finanzierung, Unterlagen
4	**Übergeben und Stabilisieren**	0 bis 12 Monate	Kundenkommunikation, Mitarbeiterbindung, Verantwortung übergeben, Integration sichern

Wichtig: Die Phasen überlappen sich. Du startest mit Phase 2, bevor Phase 1 ganz abgeschlossen ist. Du beginnst Phase 3, während Phase 2 noch läuft. Das ist normal und richtig.

PROFITIPP

Jede Phase hat ihr eigenes Tempo. Phase 1 ist ein langsamer Dauerlauf über Jahre. Phase 4 sind hektische 12 Monate. Wer beide Tempi verwechselt, kommt ins Schleudern.

Phase 1: Orientierung (5 oder mehr Jahre vorher)

Das ist die Phase, in der noch nichts technisch passiert. Keine Verträge, keine Zahlen, keine Käufer. Es geht um dich. Um deine Lebensplanung, deine Werte, deine Vorstellung davon, wer den Betrieb nach dir führt.

Und ja: Diese Phase ist die wichtigste. Wer hier schlampt, baut das ganze Haus auf Sand.

Was du in dieser Phase tust

Vier Aktivitäten, ohne Eile, aber regelmäßig:

Ziele klären

Was willst du nach der Übergabe? Reisen? Hobbys? Weiterarbeiten in anderer Rolle? Ehrenamt? Ohne klare Antwort entsteht oft das Loch nach der Übergabe.

Lebensplanung

Wie alt willst du sein, wenn du übergibst? Was sagt dein Körper? Was sagt dein Partner? Was sagt deine Familie? Plane mit allen, die betroffen sind.

Nachfolgerbild entwickeln

Wie sieht dein idealer Nachfolger aus? Charakter, Werte, Stil. Nicht: Familie ja oder nein. Sondern: Wie soll der Mensch sein, der dein Werk weiterführt?

Private Vorsorge prüfen

Wie viel brauchst du nach der Übergabe pro Monat? Reicht der Verkaufserlös? Was läuft an Rente, Versicherungen, Vermögen? Das musst du wissen, bevor du verhandelst.

Was in dieser Phase oft schiefläuft

Inhaber denken: Phase 1 ist soft. Da kann ich gleich zu Phase 2 springen. Das ist der häufigste Fehler. Wer ohne Klarheit über die eigenen Ziele in die Struktur-Arbeit geht, baut am falschen Plan.

AUS MEINER BERATUNG

Ein Galabau-Inhaber, 58, wollte mit 63 verkaufen. Wir haben in Phase 1 lange über seine Lebensplanung gesprochen. Nach drei Monaten kam er und sagte: Eigentlich will ich gar nicht aufhören. Ich will nur weniger arbeiten.

Wir haben den Plan komplett gedreht. Statt Verkauf: schrittweise Beteiligung an einen Bauleiter, er bleibt als Senior und macht 20 Stunden die Woche das, was ihm Spaß macht. Heute ist er 64, sehr zufrieden, der Betrieb läuft besser denn je.

Hätten wir Phase 1 übersprungen, hätte er verkauft und sich zwei Jahre später aus Langeweile selbst geärgert.

Übung für Phase 1

Setz dich diese Woche eine Stunde hin, schalt das Handy aus, und beantworte für dich drei Fragen. Nicht für mich, nicht für deinen Partner. Nur für dich.

DREI PHASE-1-FRAGEN

1. **Wie sieht ein perfekter Tag in deinem Leben aus, fünf Jahre nach der Übergabe?**

   ____

2. **Was würdest du vermissen, wenn der Betrieb morgen weg wäre?**

   ____

3. **Reicht dir der Verkaufserlös, oder brauchst du danach noch Einkommen?**

   ____

Phase 2: Struktur aufbauen (3 bis 5 Jahre vorher)

Jetzt wird es technisch. Phase 2 ist die Phase, in der die größte Wertsteigerung passiert. Wer hier vier Jahre lang konsequent arbeitet, kann seinen Verkaufspreis erheblich heben. Ohne mehr Umsatz, ohne neue Mitarbeiter. Nur durch Struktur.

Aus meiner Beratungspraxis: 30 bis 50 Prozent Preissteigerung durch vier Jahre Strukturarbeit sind realistisch. Abhängig von Ausgangslage, Betriebsgröße und Konsequenz in der Umsetzung.

Vier Baustellen parallel

Zahlenqualität verbessern

Saubere BWA, konsequente Nachkalkulation, dokumentierte Stundensätze. Drei Jahre nachvollziehbare Zahlen sind die Eintrittskarte für jeden Käufer.

Prozesse dokumentieren

Wer macht was, wann, wie? Angebot, Auftragsannahme, Baustelleneinrichtung, Rechnungsstellung, Nachfassen. Schriftlich. Lebbar. Trainierbar.

Zweite Führungsebene stärken

Zwei bis drei Personen, die eigenständig Verantwortung tragen. Bauleiter, Vorarbeiter, Büroleitung. Sie sind das Rückgrat deines Verkaufswerts.

Abhängigkeiten reduzieren

Was nur du kannst, was nur du weißt, was nur du entscheidest. Diese Liste muss schrumpfen. Jede Aufgabe, die du abgibst, ist Geld auf dem Verkaufspreis.

Die Königsdisziplin: Inhaberabhängigkeit reduzieren

Das ist der härteste Teil. Du musst Aufgaben abgeben, von denen du dachtest, sie könnten nur durch dich erledigt werden. Du musst Entscheidungen anderen überlassen, die du anders treffen würdest. Du musst Fehler zulassen, ohne sofort einzugreifen.

Wer das nicht aushält, wird nie übergeben können. Punkt. Da hilft kein Berater, kein Coach, kein Buch. Das ist Persönlichkeitsarbeit, und sie braucht Zeit.

STOLPERFALLE

Ich bin doch der einzige, der das richtig macht. Wer diesen Satz denkt, hat noch nicht losgelassen. Solange der Satz wahr ist, ist dein Betrieb unverkäuflich. Solange du den Satz aussprichst, vergraulst du deine zweite Führungsebene.

AUS MEINER BERATUNG

Ein Galabau-Betrieb in Süddeutschland, 22 Mitarbeiter. Der Inhaber war 56, wollte mit 62 raus. Wir haben uns einen Phase-2-Plan gemacht: jeden Monat eine Aufgabe an die Bauleiter abgeben. Klein anfangen. Angebotsfreigabe bis 5.000 Euro, dann bis 15.000 Euro, dann bis 50.000 Euro. Nach 18 Monaten musste er nur noch Großprojekte gegenzeichnen.

Vier Jahre später haben wir den Betrieb bewertet. Multiplikator 4,2 statt 3,1 wie zu Beginn. Auf einen Gewinn von 320.000 Euro waren das 350.000 Euro mehr Verkaufspreis. Für vier Jahre Loslassen.

Erfahrungswert aus dieser Beratung. Multiplikatoren und Verkaufspreise variieren je nach Betrieb, Region und Käuferkreis.

Mehr dazu: **Raus aus der Chef-Falle**

Phase 3: Vorbereiten (12 bis 24 Monate)

Jetzt kommen die Profis ins Spiel. In Phase 3 geht es um Zahlen, Verträge, Steuern, Finanzierung. Hier macht sich bezahlt, dass du in Phase 1 und 2 vorgearbeitet hast. Wer ohne Vorbereitung in Phase 3 startet, kann das in 24 Monaten nicht aufholen.

Vier Pakete, die parallel laufen

Unternehmenswert ermitteln

Vom Steuerberater oder einem Unternehmensbewerter, nicht selbst. Eine indikative Bewertung gibt dir die Verhandlungsbasis.

Typische Kosten aus meiner Beratungspraxis: 500 bis 2.000 Euro, abhängig von Betriebsgröße und Datenlage.

Steuer- und Rechtskonzept abstimmen

Welche Rechtsform? Welche Übertragungsform (Asset Deal, Share Deal)? Welche Freibeträge nutzen? Welche Haltefristen einhalten? Steuerberater plus Anwalt, beide an einem Tisch.

Finanzierung klären

Kann der Käufer den Preis stemmen? Mit Eigenkapital, Bank, KfW, Verkäuferdarlehen? Wer das vorher klärt, scheitert nicht im letzten Moment.

Unterlagen vorbereiten

Drei Jahresabschlüsse, BWA, Steuerbescheide, Verträge (Miete, Leasing, Personal), Maschinenliste, Kundenliste. Alles sauber zusammenstellen. Käufer rechnen damit, dass etwas fehlt. Wer alles parat hat, beeindruckt.

PROFITIPP

Hol Steuerberater und Anwalt früh an einen Tisch. Beide einzeln zu fragen kostet Zeit und produziert Widersprüche. Ein gemeinsamer 90-Minuten-Termin am Anfang von Phase 3 spart dir später Wochen.

AUS MEINER BERATUNG

Ein Einzelunternehmer, 60, wollte verkaufen. In Phase 3 haben wir gemeinsam mit Steuerberater und Anwalt entschieden: Umwandlung zur GmbH 18 Monate vor Verkauf. Steuerersparnis am Ende: rund 180.000 Euro im Vergleich zum Asset-Deal aus dem Einzelunternehmen. Beratungskosten gesamt: 9.000 Euro.

Eine der lukrativsten Entscheidungen seines Berufslebens.

Phase 4: Übergeben und Stabilisieren (0 bis 12 Monate)

Jetzt wird unterschrieben. Aber der Notartermin ist nicht das Ende, sondern der Anfang der wichtigsten Phase. Die nächsten 12 Monate entscheiden, ob der Betrieb stabil bleibt oder zerfällt.

Vier kritische Aufgaben in den ersten 12 Monaten

Kundenkommunikation

Top-Kunden persönlich anrufen, bevor du es per Brief oder Mail mitteilst. Sie schätzen das Vertrauen. Dein Nachfolger sollte beim Erstgespräch dabei sein oder kurz danach selbst anrufen.

Mitarbeiterbindung

Schlüsselpersonen einzeln Sicherheit geben. Was bleibt? Was ändert sich? Was bedeutet das für dich persönlich? Bleibe-Anreize für 12 bis 24 Monate können sich rechnen.

Verantwortung übergeben

Der schwerste Teil. Nicht mehr dazwischenfunken. Auch wenn du anders entscheiden würdest. Dein Nachfolger muss seine eigenen Erfahrungen machen, auch die Fehler.

Integration sichern

Bist du als Senior-Berater noch im Haus? Wie lange? Mit welcher Rolle? Klare Vereinbarung, sonst entstehen Doppelgleisigkeiten oder Macht-Vakuum.

Der häufigste Fehler in Phase 4

Übergeber, die zu schnell raus wollen. Vertrag unterschrieben, drei Wochen Einarbeitung, dann auf Mallorca. Das funktioniert in einem Prozent der Fälle. In den anderen 99 Prozent: Kunden verlieren das Vertrauen, Mitarbeiter springen ab, der Nachfolger steht nach drei Monaten ratlos da.

Plane mindestens sechs Monate als Senior-Berater ein. Mit klar definierter, abnehmender Präsenz. Im ersten Monat zwei Tage pro Woche, im sechsten Monat ein halber Tag. So gewinnt der Nachfolger Vertrauen, und du gewinnst dein Leben zurück, ohne dass es ruckt.

STOLPERFALLE

Der andere Extremfall: Übergeber, die nicht loslassen können. Drei Jahre nach dem Verkauf sitzen sie noch täglich im Büro und treffen Entscheidungen. Das treibt jeden Nachfolger in den Wahnsinn. Klare Ausstiegslinie vereinbaren, schriftlich.

Zusammenfassung Kapitel 3

Die wichtigsten Sätze auf einer Seite, zum Wiederfinden.

DER FAHRPLAN IN SIEBEN SÄTZEN

☐ Eine saubere Übergabe braucht fünf bis sieben Jahre. Wer kürzer plant, riskiert erhebliche Werteinbußen.

☐ Phase 1 (Orientierung, 5+ Jahre vorher) klärt deine Ziele und Lebensplanung. Wer hier schlampt, baut das Haus auf Sand.

☐ Phase 2 (Struktur, 3 bis 5 Jahre vorher) bringt die größte Wertsteigerung. Hier reduzierst du Inhaberabhängigkeit, baust die zweite Führungsebene auf, dokumentierst Prozesse.

☐ Phase 3 (Vorbereiten, 12 bis 24 Monate) ist Arbeit mit Profis: Bewertung, Steuern, Recht, Finanzierung, Unterlagen.

☐ Phase 4 (Übergeben, 0 bis 12 Monate) entscheidet, ob der Betrieb nach dir stabil bleibt. Sechs Monate Senior-Rolle einplanen.

☐ Die Phasen überlappen sich. Du startest die nächste, bevor die vorherige abgeschlossen ist.

☐ Wenn du heute anfängst, hast du in fünf Jahren einen Betrieb, den du würdig übergeben kannst.

Jetzt du: Wo stehst du gerade?

Bevor du anfängst, musst du wissen, wo du startest. Beantworte ehrlich.

DEINE SELBSTVERORTUNG

1. **In wie vielen Jahren möchtest du übergeben?**

   ____

2. **In welcher Phase müsste laut Fahrplan gerade deine Hauptarbeit liegen?**

   ____

3. **In welcher Phase bist du tatsächlich? Wo gibt es eine Lücke?**

   ____

4. **Was wäre der erste Schritt, um die Lücke zu schließen?**

   ____

DEINE WOCHEN-AUFGABEN

☐ **Eine Stunde Phase 1.** Setz dich hin, beantworte die drei Phase-1-Fragen schriftlich. Kein Telefon, keine Mitarbeiter.

☐ **Eine Aufgabe an deine zweite Reihe abgeben.** Klein anfangen. Eine Angebotsfreigabe, eine Kundenrückruf-Liste, eine Materialbestellung. Und nicht wieder einkassieren.

☐ **Steuerberater anrufen.** Termin für ein Erstgespräch zum Thema Nachfolge vereinbaren. Auch wenn du noch fünf Jahre Zeit hast. Der erste Anruf ist der schwerste.

Wie es weitergeht

Du kennst jetzt den ganzen Fahrplan. In den nächsten Kapiteln gehen wir die Hülle an: Welche Rechtsform passt? Welche Steuern fallen wirklich an? Was wollen Käufer auf dem Tisch sehen? Wo lauern die Stolperfallen, die immer wieder Übergaben kosten?

Mehr dazu: Nachfolge-Selbstcheck

Welche Phase ist bei dir die größte Baustelle? Der Check zeigt es dir.

Bevor du umblätterst: Notier dir die Phase, in der du jetzt aktiv werden musst. Das ist deine wichtigste Erkenntnis aus diesem Kapitel.

KAPITEL 4

An wen übergibst du? *Modelle und Wege zum richtigen Nachfolger*

Die wichtigste Frage der ganzen Nachfolge ist nicht „Wie viel?“, sondern „An wen?“. Hier entscheidet sich, ob dein Lebenswerk weiterlebt oder ob jemand etwas Neues daraus macht. Beides ist okay. Aber du musst es bewusst entscheiden.

> ***Wer Nachfolge plant, plant für einen Menschen, nicht für einen Vertrag.***

Drei Fragen, die dieses Kapitel beantwortet

1. Welche fünf Übergabemodelle gibt es und welches passt zu deinem Betrieb?

2. Warum die eigenen Kinder oft die schlechteste Wahl sind, wenn sie nicht brennen.

3. Wo findest du Nachfolger, wenn die Familie ausfällt?

Teil 1: Die fünf Übergabemodelle

Es gibt im Galabau fünf Wege, einen Betrieb zu übergeben. Jeder hat seine Stärken und seinen Preis. Hier zuerst die Übersicht.

MODELL	WER ÜBERNIMMT?	EMOTIONALE LAST	TYP. DAUER
Familiennachfolge	Sohn/Tochter übernimmt	Hoch emotional	5 bis 10 Jahre
MBO	Eigene Mitarbeiter kaufen	Mittel, planbar	3 bis 7 Jahre
MBI	Externer Unternehmer steigt ein	Mittel, kulturell sensibel	1 bis 3 Jahre
Verkauf an Wettbewerber	Konkurrenz übernimmt	Schnell, sachlich	6 bis 18 Monate
Schrittweise Beteiligung	Nachfolger wächst rein	Niedrig, sehr planbar	5 bis 10 Jahre

Im Folgenden gehen wir jedes Modell durch. Mit Vor- und Nachteilen, typischen Stolperfallen und konkreten Empfehlungen.

Modell 1: Familiennachfolge

Sohn oder Tochter übernehmen. Klassisch, emotional, und in den letzten 20 Jahren immer seltener. Nur noch etwa jedes vierte Kind übernimmt den elterlichen Betrieb.

Wann es funktioniert

Wenn das Kind den Betrieb wirklich will. Nicht aus Pflichtgefühl, nicht aus Mangel an Alternativen, sondern aus eigener Leidenschaft. Wenn es früh dabei war, eigene Erfahrungen außerhalb gesammelt hat und mit eigenen Ideen zurückkommt.

Wann es scheitert

Wenn der Vater oder die Mutter es sich wünscht und das Kind nicht widersprechen kann. Das endet entweder im Mittelmaß oder in stillem Groll. Beides kostet den Betrieb mehr, als eine externe Lösung kosten würde.

STOLPERFALLE

Das Schlimmste, was du deinem Kind antun kannst: es in einen Beruf zwingen, der nicht seine Leidenschaft ist. Der Betrieb wird zur Pflicht. Aus Pflicht wächst kein Unternehmertum. Aus Pflicht wächst Mittelmaß.

Modell 2: MBO (Management Buy-Out)

Deine eigenen Mitarbeiter kaufen den Betrieb. Meist sind das die zweite Führungsebene, manchmal auch ein einzelner Bauleiter, der schon lange dabei ist.

Wann es funktioniert

Wenn eine starke zweite Führungsebene vorhanden ist. Wenn die Schlüsselpersonen unternehmerisches Denken zeigen, nicht nur Handwerk. Wenn sie bereit sind, eigenes Kapital einzubringen oder über Verkäuferdarlehen zu finanzieren.

Wann es scheitert

Wenn der Bauleiter zwar fachlich Top ist, aber keine Lust auf Bilanzen, Bank-Gespräche und Personalverantwortung hat. Wenn er Geld nicht aufbringen kann und die Bank nicht mitmacht. Wenn er das Risiko unterschätzt.

AUS MEINER BERATUNG

Ein Galabau-Betrieb in Mitteldeutschland, 28 Mitarbeiter. Der Inhaber hatte zwei Bauleiter, die jahrelang dabei waren. Wir haben ein Modell entwickelt, bei dem beide schrittweise Anteile erworben haben, über fünf Jahre. Jährlich 10 Prozent, finanziert teils aus dem Gehalt, teils über Bankdarlehen. Im sechsten Jahr ist der Inhaber komplett raus. Beide Bauleiter sind heute Geschäftsführer. Der Betrieb läuft besser als vorher.

Modell 3: MBI (Management Buy-In)

Ein externer Unternehmer steigt ein. Das kann ein junger Galabau-Meister sein, der sich selbständig machen will, ohne bei null anzufangen. Oder ein erfahrener Branchen-Profi, der einen Betrieb sucht.

Wann es funktioniert

Wenn die Chemie zwischen Übergebendem und Übernehmendem stimmt. Wenn der externe Käufer Branchenkenntnis mitbringt und nicht versucht, alles über den Haufen zu werfen. Wenn die zweite Führungsebene mitspielt.

Wann es scheitert

Wenn der Käufer als der Neue von außen wahrgenommen wird und die Mannschaft auf Konfrontation geht. Wenn er die Kunden nicht hält. Wenn die kulturelle Passung nicht stimmt: Ein BWL-Akademiker übernimmt einen handwerklich geprägten Betrieb und versteht die Sprache der Mitarbeiter nicht.

PROFITIPP

Beim MBI ist die kulturelle Passung wichtiger als die fachliche. Mach mindestens drei intensive Gespräche, bevor du dich entscheidest. Lass den Kandidaten eine Woche mitlaufen. Hol Feedback von deinen Bauleitern und Vorarbeitern, bevor du den Vertrag unterschreibst. Sie spüren früher als du, ob das gut geht.

Modell 4: Verkauf an Wettbewerber

Ein anderer Galabau-Betrieb in der Region kauft dich auf. Das geht meistens schnell, ist sachlich, und der Preis ist oft fair. Aber: dein Betrieb verschwindet als eigenständige Einheit.

Wann es funktioniert

Wenn du als Inhaber kein Problem damit hast, dass dein Name verschwindet. Wenn der Käufer einen guten Ruf hat und deine Mitarbeiter dort eine Zukunft sehen. Wenn die Kunden den Übergang akzeptieren, weil die Qualität bleibt.

Wann es scheitert

Wenn der Wettbewerber nur die Kundenliste haben will und deine Mitarbeiter abbaut. Wenn die Mannschaft das frühzeitig spürt und vorher kündigt. Wenn die Kunden zu einem dritten Anbieter abwandern, weil der große Bruder ihnen nicht passt.

STOLPERFALLE

Beim Verkauf an Wettbewerber gilt: Kunden und Mitarbeiter persönlich informieren, bevor der Vertrag veröffentlicht wird. Wer es per Zufall erfährt, fühlt sich verschachert. Das kostet Bindung. Plane mindestens vier Wochen zwischen Vertragsabschluss und öffentlicher Bekanntgabe für persönliche Gespräche.

Modell 5: Schrittweise Beteiligung

Der Nachfolger wächst über Jahre in den Betrieb hinein. Er steigt mit kleinen Anteilen ein, übernimmt nach und nach Verantwortung, kauft Schritt für Schritt mehr. Am Ende ist er Inhaber, der Übergebende ist raus.

Wann es funktioniert

Bei den meisten Mittelstandsbetrieben ist das die fairste und planbarste Lösung. Die Finanzierung verteilt sich über Jahre, das Risiko bleibt überschaubar. Der Nachfolger lernt das Geschäft in Echtzeit, der Übergebende gewinnt schrittweise Freiraum.

Wann es scheitert

Wenn der Übergebende loszulassen vergisst. Wenn er noch als Mehrheits-Inhaber bei jeder Entscheidung mitredet, obwohl der Nachfolger schon die operative Verantwortung trägt. Dann fühlt sich der Nachfolger entmündigt und springt ab.

PROFITIPP

Bei schrittweiser Beteiligung von Anfang an schriftlich festlegen, ab welchem Anteil welche Entscheidungen beim Nachfolger liegen. Sonst kommt es zu täglichen Reibungen. Eine klare Entscheidungs-Matrix erspart Streit und Vertragsstrafen.

Teil 2: Wo findest du den Nachfolger?

Die Modelle zu kennen ist eine Sache. Den passenden Menschen zu finden eine andere. Drei Wege gibt es, und alle drei lohnen sich, parallel im Auge zu behalten.

Drei Wege gleichzeitig denken

Die meisten Inhaber fixieren sich zu früh auf einen Weg. Mein Sohn übernimmt schon, der wird sich noch entscheiden. Oder: Ich suche extern, in der Familie geht das nicht. Beides verkürzt den Möglichkeitsraum.

Besser: alle drei Wege parallel verfolgen, bis sich einer klar als der richtige herauskristallisiert. Familie. Eigene Mitarbeiter. Externer Markt. Dann erst entscheiden.

Weg 1: Familiennachfolge: Die ehrliche Wahrheit

> ***Jeder Inhaber prägt die Firma auf seine Art. Du kannst sie weitergeben. Aber nicht deine Geschichte.***

Wenn jemand ein Haus baut, lebt er eine Zeit lang darin. Dann wird es vererbt oder verkauft. Jeder neue Bewohner schreibt seine eigene Geschichte hinein. Vom ursprünglichen Erbauer bleibt im schlechtesten Fall nur der Name im Grundstein, im Deckenbalken oder im Grundbuch.

Mit einer Firma ist es genau so. Jeder Inhaber prägt sie auf seine Art. Er hat die Mitarbeiter, die er verdient. Er hat das Geld, das er verdient. Und das ist nicht übertragbar mit der vorherigen Geschichte.

Wenn du das verstehst, kannst du auch akzeptieren: Dein Kind wird, wenn es übernimmt, eine andere Firma daraus machen. Andere Schwerpunkte, andere Mitarbeiter, andere

Werte vielleicht. Das ist nicht falsch. Das ist das Wesen jeder Übergabe.

Meine eigene Geschichte

Ich war ein klassisches Beispiel dafür, wie es nicht laufen sollte. Meine Eltern hatten eine Zierpflanzengärtnerei. Schöner Betrieb, war aber schon in einer Vorumbruchphase. Probleme fingen an zu wachsen. Zierpflanzenbau war nie meine Welt.

Ich wollte Galabau. Ich war anders gestrickt. Ich habe von Bagger und Steinen geträumt. Bachlauf gestalten, Natur erleben, von tausend anderen Dingen. Meine Zukunft habe ich nicht in den Gewächshäusern meiner Eltern gesehen.

Und doch musste ich letztendlich durch den plötzlichen Tod meines Vaters in die Fußstapfen meiner Eltern treten. Es war nicht mein Beruf. Es war nicht meine Leidenschaft. Das ist eines der schlimmsten Dinge, die du deinen Kindern antun kannst, wenn es nicht sein soll.

WAS ICH DARAUS GELERNT HABE

Heute weiß ich: Wenn du im Galabau die Möglichkeit hast, andere Nachfolgeregelungen zu finden, dann nutze sie. Erspar deinem Kind den Weg, den du selbst nicht gewählt hast. Wenn dein Kind brennt: wunderbar, dann mit voller Unterstützung. Wenn nicht: ehrlich miteinander reden und gemeinsam andere Wege suchen. Das ist die größere Liebe.

Wenn dein Kind wirklich brennt: Die Spielregeln

Wenn die Identifikation echt ist und du das früh genug merkst: super. Dann gibt es ein paar Regeln, die aus einem guten Nachfolger einen eigenen Unternehmer machen. Sonst wird er nur eine Kopie von dir.

Regel 1: Nicht zu Hause lernen

Die Lehre nicht im eigenen Betrieb. Punkt. Wer bei Papa lernt, lernt nur Papas Art. Drei Jahre woanders, im befreundeten Betrieb, in der Region, egal wo. Aber nicht zu Hause.

Regel 2: Nach der Lehre mindestens drei bis fünf andere Betriebe

Verschiedene Stile, verschiedene Größen, verschiedene Schwerpunkte. Ein Pflegebetrieb, ein Neuanlagen-Spezialist, ein großer Industrie-Galabau. Jeder hat eigene Methoden, eigene Kalkulation, eigene Mitarbeiter-Führung. Das lernt man nicht, indem man im eigenen Hof bleibt.

Regel 3: Ins Ausland gehen

Die Schweiz ist die Königsklasse im Galabau. Wer dort drei Monate oder ein Jahr arbeitet, kommt mit anderen Maßstäben zurück. Auch Österreich, Skandinavien oder die Niederlande sind super Adressen. Auslandserfahrung kostet zwei Jahre Zeit und bringt zehn Jahre Vorsprung.

Regel 4: Den Fachverband nutzen

Der BGL und die Landessverbände bieten Auslandssemester, Auslandsprogramme, Junge-Galabauer-Netzwerke. Da kennen sich die Talente untereinander. Da entstehen Kontakte fürs Leben. Wer Verbandsmitglied ist und das nicht nutzt, lässt Gold liegen.

PROFITIPP

Erst nach all dem ins eigene Unternehmen einarbeiten. Auch wenn du dich schon nach Entlastung sehnst, auch wenn dein Kind selbst es eilig hat. Wer den Weg abkürzt, kürzt am späteren Erfolg ab.

Die zweite Reihe nicht vergessen

Sobald klar ist, dass dein Kind übernimmt, passiert etwas mit deinen Schlüsselmitarbeitern. Die Bauleiter, die seit zehn Jahren dabei sind. Der Vorarbeiter, dem du blind vertraust. Die Büroleiterin, die alles zusammenhält.

Bei jedem von ihnen ist im Lauf der Jahre eine Frage gewachsen: Vielleicht werde ich ja selbst mal Nachfolger. Ausgesprochen oder nicht. Bewusst oder im Hintergrund.

Wenn du jetzt sagst: Mein Sohn übernimmt, und das ohne Vorgespräch in den Raum stellst, verlierst du genau diese Menschen. Sie suchen sich eine andere Stelle. Sie machen sich selbständig. Sie gehen zur Konkurrenz. Und das passiert genau in dem Moment, wo dein Nachfolger sie am dringendsten braucht.

STOLPERFALLE

Schweigen ist die teuerste Personalstrategie. Wer die Frage Wer übernimmt? nicht offen klärt, riskiert, dass die Antwort von außen kommt: durch Kündigung der besten Köpfe.

Was du tun musst

Sobald die Nachfolge-Richtung klar ist: persönliche Gespräche mit jeder Schlüsselperson. Nicht als Gruppe, sondern einzeln. Drei Fragen: Was sind deine eigenen Pläne? Wie siehst du dich in der neuen Konstellation? Was brauchst du, um zu bleiben?

Das ist nicht angenehm. Aber es ist die einzige Versicherung, die du gegen den Verlust deiner zweiten Reihe abschließen kannst.

Weg 3: Wenn weder Familie noch Mitarbeiter. Wo suchst du extern?

Wenn die Familie ausfällt und im Betrieb niemand übernehmen will, bleibt der externe Weg. Das klingt schwerer als es ist. Es gibt fünf Quellen, die du parallel anzapfen solltest.

1. Der Fachverband

BGL und die Landesverbände haben Nachfolge-Börsen, Nachfolger-Netzwerke, jährliche Treffen für junge Übernehmer. Wer dort gut vernetzt ist, bekommt oft ohne öffentliche Ausschreibung Kandidaten zugespielt. Mein Tipp: Schon zwei bis drei Jahre vor der geplanten Übergabe in Verbandsgremien aktiv werden.

2. Hochschulen und Meisterschulen

Geisenheim, Weihenstephan, die Meisterschulen in jedem Bundesland. Dort sitzen junge Menschen, die fachlich top und unternehmerisch interessiert sind. Eine Kooperation, ein Praktikumsplatz, ein Vortrag bei der Freisprechung: du hast Kontakt zur nächsten Generation.

3. Spezialisierte M&A-Plattformen

Es gibt Plattformen, die sich auf Handwerks-Nachfolge spezialisiert haben, zum Beispiel Nexxt-Change oder DUB Nachfolgebörse. Dort schreibst du anonymisiert dein

Übergabe-Angebot aus. Filter: Branche, Region, Größe. Du bekommst Anfragen vorqualifiziert.

4. Steuerberater und IHK

Beide kennen Inhaber, die sich verändern wollen. Beide hören vor allen anderen davon, wenn jemand verkauft oder übernimmt. Bei deinem nächsten Jahresgespräch mit dem Steuerberater erwähnen, dass du in fünf Jahren übergeben willst. Du wirst überrascht sein, was zurückkommt.

5. Konkurrenz und Wettbewerber

Manchmal ist der Konkurrent, der dich seit zehn Jahren beäugt, der beste Käufer. Er weiß, was dein Betrieb wert ist, weil er deine Marktposition kennt. Und er hat oft schon eine Finanzierung im Kopf. Ein vertrauliches Gespräch beim Verbandstreffen kostet nichts.

Die weichenden Erben: Der unterschätzte Sprengsatz

Du hast drei Kinder. Der älteste will den Betrieb übernehmen. Die anderen beiden haben studiert, sind woanders. Klingt klar. Klingt geregelt.

Ist es oft nicht.

Das Thema weichende Erben ist der am häufigsten unterschätzte Konfliktpunkt in der Familiennachfolge. Nicht weil die Familie böse ist. Sondern weil niemand rechtzeitig drüber redet.

Der Pflichtteil: Das stille Liquiditätsrisiko

Das Erbrecht kennt den Pflichtteil. Das bedeutet: Auch wenn du in deinem Testament festlegst, dass dein Sohn oder deine Tochter den Betrieb bekommt, haben deine anderen Kinder einen gesetzlichen Anspruch. Mindestens die Hälfte des Erbteils, den sie ohne Testament bekommen hätten.

Ein Beispiel aus der Beratungspraxis:

PRAXISBOX

Ein GaLaBau-Betrieb, Bewertung 900.000 Euro. Drei Kinder, davon übernimmt eines den Betrieb. Die anderen beiden bekommen laut Testament nichts: Der Betrieb soll als Einheit erhalten bleiben.

Gesetzlicher Erbteil wäre je ein Drittel, also 300.000 Euro pro Kind. Pflichtteil ist die Hälfte davon: 150.000 Euro je Kind. Macht zusammen 300.000 Euro, die die übernehmende Person in bar auszahlen muss. Am Tag des Erbfalls.

Er hat dieses Geld nicht. Er hat den Betrieb übernommen, nicht das Konto. Also muss er entweder einen Kredit aufnehmen oder Teile des Betriebs verkaufen. Beides

> schwächt die Übergabe in dem Moment, wo der Betrieb am stabilsten sein sollte.
>
> **Das ist kein Ausnahmefall. Das ist der Regelfall, wenn das Thema nicht früh geklärt wird.**

Wichtiger Hinweis: Die genauen rechtlichen und steuerlichen Konsequenzen hängen von Güterstand, Erbvertrag, Schenkungen und vielem mehr ab. Das ist eine Prüffrage für deinen Anwalt und Steuerberater, keine Checkliste zum Selbermachen.

Gleichstellung: Drei Wege, den Konflikt zu entschärfen

Es gibt Möglichkeiten, die weichenden Erben zu berücksichtigen, ohne den Betrieb zu gefährden. Drei davon begegnen mir in der Praxis am häufigsten.

Schenkungen zu Lebzeiten

Geldschenkungen, Immobilien oder andere Werte werden frühzeitig an die weichenden Kinder übertragen. So werden Pflichtteilsansprüche vorab abgegolten, Freibeträge genutzt und der Betrieb bleibt im Erbfall unbelastet. Braucht Zeit und Planung: mindestens fünf bis zehn Jahre vor der Übergabe.

Abfindungsvereinbarung

Die weichenden Erben unterschreiben zu Lebzeiten eine Vereinbarung, in der sie auf Pflichtteilsansprüche verzichten. Gegen eine vereinbarte Gegenleistung. Das muss notariell beurkundet werden und braucht eine faire Verhandlungsbasis. Wer es im Hinterzimmer klärt, bekommt es später vor Gericht.

Lebensversicherung als Ausgleichsinstrument

Der übernehmende Nachfolger oder der Inhaber schließt eine Lebensversicherung ab, deren Auszahlung gezielt für die Pflichtteilserfüllung vorgesehen ist. Klingt technisch, ist es auch. Aber es löst das Liquiditätsproblem am elegantesten.

Ehepartner und Ex-Partner: Der oft vergessene Faktor

Der Zugewinnausgleich ist das Thema, das Steuerberater kennen, Anwälte kennen und Inhaber gerne verdrängen. Im Klartext: Was dein Betrieb während der Ehe an Wert gewonnen hat, kann im Scheidungsfall zur Hälfte dem Ehepartner zustehen.

Und wenn du stirbst: Der Ehepartner hat Erbrecht. Wenn keine testamentarische Regelung besteht, kann es passieren, dass Ehepartner und Kinder gemeinsam zu Miterben werden. Die Erbengemeinschaft legt dann den Betrieb lahm.

Ein Ehevertrag, der den Betrieb ausdrücklich regelt, ist kein Zeichen von Misstrauen. Es ist Unternehmerschutz. Das ist eine Prüffrage für Anwalt und Notar.

Was keiner sagt. Und alle spüren.

Das Gefährlichste an weichenden Erben ist nicht das Recht. Es sind die stillen Erwartungen.

Das Kind, das jeden Samstag auf der Baustelle mitgeholfen hat. Die Tochter, die auf die Universität verzichtet hat, um im Büro auszuhelfen. Der Sohn, der nie gefragt wurde, ob er will.

Diese Menschen haben keine juristische Forderung. Aber sie haben eine moralische. Und wenn die nicht ausgesprochen wird, bricht sie nach dem Tod des Inhabers heraus: als Streit, als Klage, als Familienentfremdung.

STOLPERFALLE

Wir haben kein Testament, aber alle sind sich einig.

Dieser Satz stimmt in der Hälfte aller Fälle schlicht nicht. Er stimmt so lange, wie niemand fragt. Wenn der Erbfall eintritt, zeigt sich, was wirklich jeder dachte. Dann ist es für Gespräche zu spät.

Mediation: Reden, bevor es eskaliert

Als Mediator sehe ich immer wieder dasselbe Muster: Die Familie redet nicht miteinander. Nicht weil sie sich nicht liebt. Sondern weil das Thema zu groß, zu heiß, zu persönlich ist.

Ein Familienrat ist ein moderiertes Gespräch mit allen Beteiligten, bevor die Übergabe konkret wird. Es ist das wirkungsvollste Instrument, das ich kenne. Nicht um Beschlüsse zu fassen. Sondern um Erwartungen sichtbar zu machen.

Typische Fragen, die dort auf den Tisch kommen:

CHECKLISTE

Fragen für den Familienrat: bevor die Übergabe konkret wird

☐ Was erwartet jedes Kind von der Nachfolge: finanziell und emotional?

☐ Wer hat in der Vergangenheit für den Betrieb verzichtet? Wie soll das berücksichtigt werden?

☐ Was ist dem Übergeber am wichtigsten: maximaler Verkaufspreis, Erhalt des Namens, Arbeitsplatzsicherheit der Mitarbeiter?

☐ Was bekommt der übernehmende Nachfolger? Was bekommen die anderen?

☐ Wie wird die Gleichstellung geregelt, wenn der Betrieb nicht aufgeteilt werden kann?

☐ Was passiert mit dem Ehepartner des Inhabers?

☐ Welche Erwartungen werden nicht ausgesprochen, obwohl alle sie spüren?

Einzelgespräche vor dem Familienrat sind oft noch wichtiger als der Rat selbst. Jeder spricht allein, ohne Publikum. So kommen die echten Positionen raus. Im Gruppenraum spricht jeder für seine Rolle. Allein spricht jeder für sich selbst.

Das Ergebnis des Familienrats ist kein Vertrag. Es ist eine Grundlage für den Vertrag, den Anwalt und Steuerberater danach ausarbeiten.

Was dein Nachfolger wissen muss, bevor er unterschreibt

Du hast einen Nachfolger gefunden. Die Chemie stimmt, der Preis ist besprochen, der Notar ist beauftragt.

Jetzt die Frage, die die meisten Übergeber nicht stellen: Weiß dein Nachfolger wirklich, worauf er sich einlässt?

Nicht die Frage, ob er es will. Ob er es kann. Ob er vorbereitet ist. Ob seine Lebensplanung dazu passt. Das ist keine Kontrolle. Das ist Verantwortung. Wer das nicht klärt, riskiert, dass die Übergabe nach zwei Jahren scheitert. Und sein Lebenswerk dabei beschädigt wird.

Die Finanzierung: Weiß er, was er sich leisten kann?

Eine Unternehmensübernahme ist die größte Investitionsentscheidung, die die meisten Menschen in ihrem Leben treffen. Und viele treffen sie, ohne die Zahlen wirklich durchgerechnet zu haben.

Dein Nachfolger braucht Eigenkapital, eine Bankzusage und einen realistischen Finanzierungsplan. Verkäuferdarlehen, KfW-Förderung, Bürgschaftsbank: alles, was die Finanzierungslücke schließt. Wenn er das nicht vorweisen kann, ist er kein Käufer. Noch nicht.

PROFITIPP

Lass deinen Nachfolger die BWA der letzten drei Jahre lesen: allein, ohne deine Erklärungen. Danach sprecht ihr darüber, was er gesehen hat. So merkst du innerhalb von einer Stunde, ob er versteht, was er kauft.

Die echte Führungsrolle: Weiß er, was ihn erwartet?

Ab Tag eins ist er allein. Kein Ich frag mal den Chef. Kein Netz. Personal-Entscheidungen, Liquiditätsdruck, Kundenbeschwerden, Maschinenstillstand auf der Baustelle, Jahresabschlussgespräch mit dem Steuerberater.

Der Übergang von Bauleiter zu Inhaber ist einer der größten Identitätswechsel, die ein Mensch in einer Karriere macht.

Viele unterschätzen das. Fachlich top, unternehmerisch unvorbereitet: das ist das häufigste Scheitermuster beim MBO.

Ein offenes Gespräch über diese Dimension ist kein Angriff auf seine Qualifikation. Es ist das Fairste, was du tun kannst.

Mitarbeiterakzeptanz: Weiß er, wie er die Mannschaft gewinnt?

Deine Mitarbeiter kennen dich. Manche arbeiten seit 15 Jahren mit dir. Und jetzt kommt jemand, der nicht du bist.

Wenn dein Nachfolger in der ersten Woche alles besser wissen will als die Bauleiter, hat er die Mannschaft verloren. Wenn er zu lange nichts entscheidet, verliert er sie auch. Der erste Monat ist der entscheidende.

Besprich mit ihm: Wie wird er sich vorstellen? Was ändert er zuerst, und was lässt er bewusst so, wie es ist? Wer ist sein wichtigster Verbündeter in der zweiten Reihe?

Lebensplanung und Risikotragfähigkeit

Hat er eine Familie? Kinder? Eine Hypothek? Wie viel privates Risiko kann er tragen, wenn der erste Winter schwierig wird? Kann er sechs Monate ohne Gehaltauszahlung überbrücken?

Das sind keine angenehmen Fragen. Aber ein Nachfolger, der bei der ersten Liquiditätskrise aufgibt, ruiniert nicht nur seinen eigenen Plan. Er ruiniert auch den Ruf deines Betriebs und die Arbeitsplätze deiner Mitarbeiter.

Frag auch: Was ist sein persönliches Ziel in fünf Jahren? Was will er aus dem Betrieb machen? Die Antwort sagt dir mehr als jeder Businessplan.

Die Beziehung zum Senior nach der Übergabe

Das ist das Thema, das die meisten Übergabeverträge nicht regeln. Und das die meisten Übergaben vergiftet.

Du bist raus. Aber du fährst manchmal noch vorbei. Du siehst, dass der Nachfolger die Baustellen anders koordiniert als du. Du meinst es gut, wenn du einen Tipp gibst.

Er erlebt es als Kontrolle.

Klärt schriftlich: Ab welchem Datum bist du operativ raus? Wie oft darfst du noch in den Betrieb kommen? Wann und wie bist du Ansprechpartner, und wann nicht mehr? Wer entscheidet Konflikte, wenn ihr euch nicht einig seid?

Das klingt hart. Es schützt die Übergabe. Und es schützt eure Beziehung danach.

CHECKLISTE

Sieben Fragen, die du mit deinem Nachfolger klären solltest: vor dem Notartermin

☐ Wie finanziert er die Übernahme? Eigenkapital, Bank, Verkäuferdarlehen?

☐ Versteht er die BWA und die Nachkalkulation des Betriebs?

☐ Wer ist sein wichtigster Verbündeter in der Belegschaft?

☐ Was ändert er in den ersten 90 Tagen, und was nicht?

☐ Wie sieht seine private Absicherung aus? Kann er Druck tragen?

☐ Was ist sein persönliches Ziel mit dem Betrieb in fünf Jahren?

☐ Wie regeln wir deine Rolle nach der Übergabe: konkret, schriftlich, mit Datum?

Zusammenfassung Kapitel 4

Bevor wir in die Übung gehen, hier die wichtigsten Punkte.

DIE KERNPUNKTE

☐ Es gibt fünf Übergabemodelle. Such dir das eine aus, das zu deinem Betrieb passt, nicht zu deinem Wunschbild.

☐ Familiennachfolge nur, wenn das Kind wirklich brennt. Nie aus Pflichtgefühl heraus.

☐ Wenn das Kind übernimmt: nicht zu Hause lernen, drei bis fünf andere Betriebe, Auslandserfahrung.

☐ Die zweite Reihe muss bei der Nachfolge-Entscheidung mitgedacht werden. Sonst gehen die Besten.

☐ Weichende Erben und Pflichtteil frühzeitig klären. Das ist kein Familienthema: Das ist ein Liquiditätsrisiko.

☐ Einen Familienrat moderiert durchführen, bevor die Übergabe konkret wird.

☐ Sieben Schlüsselfragen mit dem Nachfolger klären: vor dem Notartermin.

Jetzt du: Wer kommt für deine Nachfolge in Frage?

Schreib direkt rein, ohne lange zu überlegen. Erste Eindrücke sind oft die ehrlichsten.

FRAGE 1: FAMILIE

Gibt es in deiner Familie jemanden, der wirklich für den Betrieb brennt? Wer, und woran erkennst du das?

____

____

FRAGE 2: EIGENE MITARBEITER

Welche zwei oder drei Mitarbeiter könnten theoretisch übernehmen? Was fehlt ihnen noch?

____

____

FRAGE 3: WEICHENDE ERBEN

Hast du das Thema Pflichtteil und Gleichstellung schon mit einem Anwalt besprochen? Falls nein: Bis wann?

____

FRAGE 4: DEIN NACHFOLGER

Wenn du heute einen Nachfolger hättest: Welche der sieben Klärungsfragen wäre die schwierigste?

____

DEINE WOCHEN-AUFGABEN

☐ **Mit einer Vertrauensperson über deine Familien-Situation reden.** Partner, Geschwister, alter Freund. Sag offen: Ich weiß nicht, ob mein Kind das wirklich will. Hör dir die Antwort an.

☐ **Das Pflichtteil-Thema ansprechen.** Beim nächsten Gespräch mit deinem Steuerberater oder Anwalt: Wer bekommt was, wenn du stirbst? Wie ist das geregelt? Was fehlt noch? Eine Stunde Gespräch kann Jahre Familienstreit verhindern.

☐ **Eine externe Quelle ansprechen.** Beim nächsten Verbandstermin, beim nächsten Steuerberater-Gespräch, oder ein anonymes Profil auf Nexxt-Change. Eine Quelle, irgendwo, irgendwann diese Woche.

Wie es weitergeht

Du weißt jetzt, welche Übergabemodelle es gibt, wo du Nachfolger findest und welche Familien- und Erbschaftsfragen du nicht verdrängen darfst.

Im nächsten Kapitel gehen wir an die Hülle: Welche Betriebsform passt? Welche steuerlichen Spielräume gibt es? Was musst du mit Steuerberater und Anwalt klären?

Mehr dazu: Nachfolge-Selbstcheck

gebeier.de/nachfolge-check

Welches Modell passt zu deinem Betrieb? Mach den Check.

Bevor du umblätterst: Schreib dir einen Namen auf. Den ersten Menschen, mit dem du diese Woche über Nachfolge reden willst. Ein Name reicht. Der erste Schritt ist das Wichtigste.

KAPITEL 5

Steuern, Recht, Form

Die Hülle entscheidet mit

Wenn dein Betrieb der Inhalt ist, dann ist die Rechtsform die Verpackung. Die Verpackung entscheidet darüber, was im Inneren noch geht: wie viel Steuer du zahlst, wie du übergibst, was du absichern kannst. Dieses Kapitel ist Beratungswissen verdichtet. Aber: Es ersetzt nicht den Steuerberater. Es macht dich nur zum besseren Auftraggeber.

> ***Ein guter Steuerberater spart dir mehr Geld, als er kostet. Ein schlechter kostet dich mehr, als du verdienst.***

Drei Fragen, die dieses Kapitel beantwortet

1. Was muss steuerlich aufgeräumt sein, bevor du übergibst?

2. Welche Rechtsform passt zu deinem Betrieb und ab wann lohnt sich eine GmbH?

3. Welche Berater brauchst du wirklich und woran erkennst du gute?

Bevor wir anfangen: Ein wichtiger Hinweis

Was du in diesem Kapitel liest, sind Beobachtungen aus über 200 Beratungen. Es sind Faustregeln, Erfahrungswerte, Gespräche, die ich mit Steuerberatern, Anwälten und Inhabern geführt habe. Es ist nicht: Steuerberatung.

Steuerberatung darf ich gar nicht machen. Sie ist gesetzlich Steuerberatern vorbehalten. Was ich kann: dir zeigen, welche Fragen du stellen solltest. Wo du genau hingucken musst. Worüber du mit deinem Berater sprechen solltest, bevor er die Hand hebt und sagt: Da hätten wir aber früher reden müssen.

STOLPERFALLE

Wer dieses Kapitel als Ersatz für den Steuerberater liest, macht den größten Fehler in der ganzen Nachfolge. Wer es als Vorbereitung für das Gespräch nutzt, kommt schneller zu besseren Lösungen.

Aufräumen vor der Übergabe

Bei jeder Übergabe gilt ein Grundsatz: Steuerlich sollten keine offenen Posten sein. Was nicht geklärt ist, kommt sonst nach der Übergabe als Bumerang zurück. Beim Käufer oder bei dir, je nachdem, was im Vertrag steht.

Die Außenprüfung beantragen

Du kannst beim Finanzamt eine Außenprüfung beantragen. Was erstmal komisch klingt, ist im Übergabe-Kontext oft sehr klug. Du bittest aktiv darum, dass alles geprüft wird. Damit ziehst du einen Schlussstrich. Auf den geprüften Stand hin kannst du den Übergabewert konsolidieren.

Vorteil: Klarheit. Käufer und Verkäufer wissen, woran sie sind. Keine bösen Überraschungen drei Jahre später, wenn die Betriebsprüfung doch kommt und Steuern nachfordert.

ACHTUNG GEFAHR

Wenn nach einer Prüfung offene Posten entstehen, zum Beispiel Umsatzsteuer-Korrekturen, kommen ruck zuck fünfstellige Beträge zusammen. Wer hat dann den Schwarzen Peter? Du oder der Käufer? Das muss vor der Übergabe geklärt sein. Sonst hast du nach Vertragsabschluss noch jahrelang einen Fuß im Betrieb, der dir nicht mehr gehört.

> ***Frag deinen Berater:** Ob und wann du eine Außenprüfung beantragen solltest, ist eine Frage für deinen Steuerberater. Die Entscheidung hängt von deiner steuerlichen Situation, offenen Verjährungsfristen und dem geplanten Übergabezeitpunkt ab.*

Zwei saubere Wege, das Restrisiko abzusichern

Erstens: ein Anderkonto beim Notar einrichten. Ein Teil des Verkaufspreises wird dort hinterlegt und erst freigegeben, wenn die letzten steuerlichen Themen abgeschlossen sind. Marktüblich sind 5 bis 10 Prozent für 12 bis 36 Monate.

Zweitens: Eine Bürgschaft. Du als Verkäufer gibst dem Käufer eine Bürgschaft für eventuelle Nachforderungen. Das ist günstiger für den Käufer als das Anderkonto, aber teurer für dich, weil deine Bank Sicherheiten verlangt.

> ***Frag deinen Berater:** Anderkonto und Bürgschaft sind Vertragsbestandteile, die Notar und Anwalt ausarbeiten. Welches Modell in deinem Fall besser passt, hängt von Kaufpreis, Risikoprofil und Bonität ab.*

Passt deine Firma so, wie sie ist?

Bevor du verkaufst, kommt eine grundlegende Frage: Verkaufst du den Betrieb als das, was er heute ist? Oder gründet der Käufer eine neue Firma und übernimmt nur die werthaltigen Teile?

Share-Deal: Der ganze Betrieb mit allem drumherum

Du verkaufst Anteile an deiner bestehenden Gesellschaft. Alles geht mit über: Verträge, Mitarbeiter, Maschinen, aber auch Risiken, alte Steuerlasten, eventuelle Altlasten. Vorteil: einfacher Übergang, Geschäft läuft am Tag X nahtlos weiter. Nachteil: Käufer übernehmen auch Risiken, die sie nicht überblicken können. Deshalb fordern sie meist Garantien und Anderkonten.

> ***Frag deinen Berater:*** *Beim Share-Deal übernimmt der Käufer alle Verbindlichkeiten, auch unbekannte. Welche Garantien du geben musst und wie du dich absicherst, ist eine Frage für Anwalt und Steuerberater.*

Asset-Deal: Käufer gründet neu und übernimmt nur das Werthaltige

Der Käufer gründet eine neue Firma und kauft nur das, was er wirklich will: Maschinen, Mitarbeiter (mit Zustimmung), Kundenliste, Lagerbestand, vielleicht den Markennamen. Alte Verträge, alte Steuerthemen, alte Verbindlichkeiten bleiben bei dir. Vorteil für den Käufer: Saubere Tabula rasa.

Vorteil für dich: möglicherweise weniger Garantien, weil weniger übergeht.

Nachteil Asset-Deal: Wegen des Verkaufs einzelner Wirtschaftsgüter aus deinem alten Betrieb kann eine erhebliche Steuerlast bei dir entstehen. Hier rechnet sich oft schon vorher die Umwandlung in eine andere Rechtsform, damit der Verkauf günstiger wird.

> ***Frag deinen Berater:*** *Ob Asset-Deal oder Share-Deal für deinen Fall günstiger ist, hängt von Rechtsform, Steuerhistorie, Kaufpreis und Käuferstruktur ab. Lass dir vom Steuerberater beide Wege schriftlich durchrechnen, bevor du dich festlegst.*

PROFITIPP

Egal ob Asset-Deal oder Share-Deal: Lass dir vom Steuerberater ein Protokoll machen, in dem die steuerlichen Konsequenzen beider Wege durchgerechnet sind. Das kostet 1.500 bis 3.000 Euro und ist die wichtigste Entscheidungsgrundlage der ganzen Übergabe.

Die Rechtsform für die Zukunft aufstellen

Wenn du jetzt überlegst, ob deine Rechtsform für die Übergabe noch passt, kommt sofort die nächste Frage: Was wäre die richtige Form, wenn ich heute neu anfangen würde?

Antwort: Alles kann, nichts muss. Die Wahl hängt von ein paar Faktoren ab, die wir gleich durchgehen. Aber zuerst die Übersicht.

RECHTSFORM	CHARAKTER	TYP. GRÖSSE	WANN SINNVOLL
Einzelunternehmen / GbR	Einfach, persönlich, voll haftbar	Klein bis mittel	Gewinn unter 120k oft sinnvoll
GmbH / UG	Trennung Privat/Firma, beschränkte Haftung	Mittel bis groß	Ab Gewinn 120k+ rechnet sich oft
GmbH & Co. KG	Kombi-Modell, flexibel	Mittel bis groß	Für Nachfolge und Familienlösungen

Drei Rechtsformen reichen für 95 Prozent aller Galabau-Betriebe. UG (haftungsbeschränkt) lassen wir weg, weil sie für seriöse Bauunternehmen wegen der niedrigen Kapitalausstattung selten passt.

Die 120k-Faustregel

Wann lohnt sich der Wechsel vom Einzelunternehmen zur GmbH? Hier eine Faustregel, die ich in vielen Beratungen anwende: Unter 120.000 Euro Gewinn ist eine GmbH meist kritisch.

Warum die Grenze bei 120.000 liegt

Im Einzelunternehmen federst du die Liquidität über deine Entnahmen ab. Du brauchst Geld? Du holst es dir. Innerhalb der gesetzlichen Grenzen ist das deine Sache.

In der GmbH ist das anders. Du bist Geschäftsführer, du bekommst ein Gehalt. Wenn die Liquidität knapp wird, kannst du nicht einfach Geld rausnehmen. Du musst immer das Insolvenzrecht im Auge behalten. Wer da nicht aufpasst, rutscht in die Insolvenzantragspflicht, ohne es zu merken. Und das kann strafrechtliche Folgen haben.

STOLPERFALLE

GmbH klingt erwachsen, kostet aber Disziplin. Wer den monatlichen Cashflow-Blick nicht hat, wer nicht weiß, was Überschuldung und Zahlungsunfähigkeit konkret bedeuten, sollte vorsichtig sein. Eine GmbH zwingt dich zu sauberer Buchhaltung. Das ist gut, wenn du diszipliniert bist. Es ist gefährlich, wenn du es nicht bist.

Wann sich die GmbH definitiv rechnet

Bei stabilen Gewinnen über 150.000 Euro, planbarer Auftragslage, eingespielter Buchhaltung. Plus: wenn du Mitarbeiterbeteiligung, Nachfolge oder Vermögensaufbau planst. Dann sind die Strukturen einer GmbH genau richtig.

> ***Frag deinen Berater:*** *Die 120k-Grenze ist ein Erfahrungswert, kein Steuerrecht. Ob und wann ein Rechtsformwechsel für deinen Betrieb sinnvoll ist, entscheidet dein Steuerberater auf Basis deiner konkreten Zahlen.*

Spezialthema: Eine GbR für die Maschinen?

Eine Frage, die im Galabau immer wieder kommt: Macht es Sinn, die Maschinen aus dem Hauptbetrieb herauszulösen und in eine eigene Gesellschaft zu stecken? Zum Beispiel eine GbR, die dann an den Betrieb vermietet?

Das Modell auf einen Blick

Du gründest eine eigene Maschinen-Gesellschaft, oft als GbR mit deinem Partner oder als reine

Vermögensverwaltung. Diese Gesellschaft kauft die Bagger, Lkw, Anhänger. Dein operativer Betrieb mietet die Maschinen monatlich. Die Mieteinnahmen landen in der Maschinen-Gesellschaft, der operative Betrieb hat eine Betriebsausgabe.

Wann es sinnvoll ist

Drei Gründe sprechen dafür: Erstens Haftungstrennung. Wenn der operative Betrieb in Schwierigkeiten gerät, sind die Maschinen geschützt. Zweitens Übergabe-Vorbereitung. Du kannst den operativen Teil verkaufen und die Maschinen-Gesellschaft als Altersvorsorge behalten. Drittens Vermögensaufbau und steuerliche Gestaltung in Familienverhältnissen.

Wann es problematisch wird

Wenn die Gestaltung nicht sauber ist. Wenn die Mietpreise nicht marktüblich sind, riecht das Finanzamt verdeckte Gewinnausschüttung. Wenn die Maschinen-Gesellschaft keine eigene unternehmerische Tätigkeit hat, gibt es Diskussionen um die Gewerbesteuerpflicht. Und Vorsicht: Ein Modell, das in einem Betrieb funktioniert, kann im anderen steuerlich nachteilig sein.

> ***Frag deinen Berater:*** *Die Maschinen-GbR ist ein Gestaltungsmodell, das sorgfältige steuerliche und gesellschaftsrechtliche Planung erfordert. Nicht jedes Modell passt zu jedem Betrieb. Das ist eine Prüffrage für Steuerberater und Anwalt: vor der Gründung, nicht danach.*

Spezialthema: Eine Holding für Vermögensaufbau?

Eine Holding ist nichts Magisches. Es ist eine Gesellschaft, die nichts macht außer Anteile an anderen Gesellschaften zu halten. Klingt unspektakulär, kann aber bei Vermögensaufbau und Nachfolge ein starker Hebel sein.

Wie das Modell funktioniert

Du gründest eine Holding-GmbH. Die Holding hält dann die Anteile an deinem operativen Galabau-Betrieb. Wenn dein operativer Betrieb Gewinn ausschüttet, geht der zu großen Teilen steuerfrei in die Holding. Dort kannst du das Geld für Investitionen, Immobilien, andere Beteiligungen oder die Altersvorsorge nutzen. Erst wenn du das Geld privat brauchst, fällt nochmal Steuer an.

Wann eine Holding sinnvoll ist

Wenn du dauerhaft hohe Gewinne machst und Vermögen aufbauen willst. Wenn du mehrere Geschäftsbereiche hast oder planst. Wenn du eine Nachfolge in der Familie strukturieren willst, ohne den operativen Betrieb anzufassen.

PROFITIPP

Holding-Strukturen brauchen Vorlauf. Eine Holding nach 25 Jahren Einzelunternehmen aufzubauen, ist teuer und steuerlich aufwendig. Wer das Modell will, sollte es in Phase 2 oder spätestens am Anfang von Phase 3 planen, nicht erst sechs Monate vor Verkauf.

> ***Frag deinen Berater:*** *Holding-Strukturen sind komplex und haben je nach Betriebsgröße, Gewinnausschüttung und Familienstruktur sehr unterschiedliche steuerliche Wirkungen. Das ist kein Modell zum Selbstaufbauen, sondern ein Projekt für erfahrene Steuerberater mit Nachfolge-Mandat.*

Welche Berater du wirklich brauchst

Beim Thema Steuern und Recht kommen Berater ins Spiel. Aber: Nicht jeder Berater versteht von Nachfolge oder Galabau gleich viel. Hier kommt die wichtigste Botschaft dieses Kapitels.

> ***Du brauchst nicht nur Steuerberater. Du brauchst Helfer, die die Branche nicht nur aus Werbebroschüren kennen.***

Drei Profile, die du an einem Tisch brauchst

Erster Tisch-Partner: Dein Steuerberater. Idealerweise jemand, der nicht nur deine Buchhaltung macht, sondern Erfahrung mit Übergaben hat. Frag ihn: Wie viele Nachfolge-Mandate hast du in den letzten fünf Jahren betreut? Wenn die Antwort eins, vielleicht zwei ist, brauchst du zusätzlich einen Spezialisten.

Zweiter Tisch-Partner: Ein Anwalt für Gesellschafts- und Vertragsrecht. Wieder die gleiche Frage: Wie oft hat er bereits Galabau-Betriebe oder vergleichbare

Handwerksbetriebe übergeben? Spezialwissen schlägt allgemeine Erfahrung.

Dritter Tisch-Partner: Ein Berater, der die Branche kennt. Das kann ich sein, das können andere Galabau-erfahrene Unternehmensberater sein, das kann der Fachverband sein. Diese Person ist die Übersetzerin zwischen den Steuer- und Rechtsleuten und deiner Praxis. Sie kennt, was im Galabau funktioniert und was nicht.

Woran du gute Berater erkennst

Sie stellen mehr Fragen, als sie Antworten geben. Im Erstgespräch will ein guter Steuerberater verstehen, wie dein Betrieb funktioniert, bevor er Modelle vorschlägt. Wer dir nach zehn Minuten ein Holding-Modell skizziert, hat keine Ahnung von deiner Lage.

Sie sprechen Klartext und keine Berater-Folien. Wenn ein Anwalt deine Frage Was kostet das? mit drei Hintertüren beantwortet, ist das kein gutes Zeichen. Gute Berater geben dir eine Zahl plus Bedingungen, unter denen sich die Zahl ändert.

Sie kennen ihre Grenzen. Ein guter Steuerberater sagt: Bei dieser Frage holen wir besser den Anwalt dazu. Ein guter Anwalt sagt: Das ist eine steuerliche Frage, lass uns deinen Steuerberater einbeziehen. Wer das nicht macht und alles selber beantwortet, ist gefährlich.

AUS MEINER BERATUNG

Bei der Beratung eines Galabau-Inhabers stellten wir fest, dass sein Steuerberater unzuverlässig arbeitete. Er hatte noch seinen Bruder und seinen Vater beraten, und die unterschiedlichen Geschäftstätigkeiten liefen in unterschiedliche Firmen. Wir suchten für ihn einen neuen Steuerberater, der im gestalterischen Bereich deutlich besser aufgestellt war.

Wir gründeten gerade noch rechtzeitig eine Holding, da der Betriebsgewinn sich deutlich verbessert hatte. Durch diesen Konstrukt konnte ein Kapitalerhalt von knapp 70.000 Euro erreicht werden, der nun in der Holding gut angelegt für die Zukunftsplanung dient.

Zusammenfassung Kapitel 5

Die wichtigsten Sätze zum Mitnehmen.

STEUERN, RECHT, FORM: DIE KERNPUNKTE

☐ Steuerlich keine offenen Posten zur Übergabe. Außenprüfung beim Finanzamt aktiv beantragen.

☐ Restrisiko absichern: Anderkonto beim Notar oder Bürgschaft.

☐ Asset-Deal oder Share-Deal: vom Steuerberater beide Wege durchrechnen lassen, im Protokoll dokumentieren.

☐ Unter 120.000 Euro Gewinn ist eine GmbH oft kritisch. Liquiditätssteuerung wird komplexer, Insolvenzrecht immer im Blick.

☐ Maschinen-GbR und Holding sind starke Hebel, brauchen aber Vorlauf und passen nicht zu jedem Betrieb.

☐ Drei Berater an einem Tisch: Steuerberater, Anwalt, branchenerfahrener Berater.

☐ Gute Berater stellen mehr Fragen, als sie Antworten geben. Sie sprechen Klartext. Sie kennen ihre Grenzen.

Jetzt du: Deine Berater-Inventur

Drei Fragen, ehrlich beantwortet, bringen dir Klarheit über deine aktuelle Beratungs-Lage.

DREI FRAGEN ZUR BERATER-LAGE

1. **Wie oft hat dein Steuerberater in den letzten fünf Jahren eine Nachfolge begleitet?**

   ____

2. **Hast du einen Anwalt, der Gesellschafts- und Vertragsrecht beherrscht und die Galabau-Branche kennt?**

   ____

3. **Wer ist dein dritter Berater, der die Branche kennt und übersetzt zwischen Steuer- und Rechtsleuten?**

   ____

DEINE WOCHEN-AUFGABEN

☐ **Steuerberater-Gespräch zum Thema Nachfolge vereinbaren.** Auch wenn du noch fünf Jahre Zeit hast. Im Erstgespräch nachfragen, wie viele Nachfolge-Mandate er pro Jahr betreut. Die Antwort sagt dir, ob du den richtigen hast.

☐ **Den letzten Betriebsprüfungs-Bescheid raussuchen.** Wenn keine Prüfung in den letzten Jahren stattgefunden hat, ist das ein Hinweis, dass du eine beantragen solltest, bevor du verkaufst.

☐ **Eine Stunde nachdenken: Holding ja oder nein?** Nicht entscheiden, nur eine erste Meinung bilden. Notier, was für und was gegen eine solche Struktur in deinem Fall spricht.

Wie es weitergeht

Du kennst jetzt die wichtigsten Fragen zu Steuern, Recht und Form. Im nächsten Kapitel drehen wir die Perspektive: Was sehen Käufer, wenn sie deinen Betrieb anschauen? Welche sechs Punkte prüft jeder ernsthafte Interessent? So sehen wir, woran du bis zur Übergabe arbeiten musst.

Mehr dazu: Nachfolge-Selbstcheck

gebeier.de/nachfolge-check

Welche Berater fehlen dir noch? Der Check zeigt es.

Bevor du umblätterst: Notier dir den Namen einer Person, mit der du diese Woche über Steuern und Recht reden willst. Ein Name reicht.

KAPITEL 6

Was Käufer sehen wollen

Sechs Punkte, die jeder seriöse Käufer prüft

Bisher haben wir aus deiner Perspektive geguckt. Jetzt drehen wir die Brille um. Was sieht ein Käufer, wenn er deinen Betrieb anschaut? Was prüft er? Was macht ihn skeptisch, was begeistert ihn?

> ***Käufer kaufen die Zukunft deines Betriebs, nicht seine Vergangenheit.***

Drei Fragen, die dieses Kapitel beantwortet

1. Welche sechs Punkte prüft jeder ernsthafte Käufer als Erstes?

2. Was kannst du heute schon tun, damit dein Betrieb auf der Käuferseite glänzt?

3. Wie sieht dein Betrieb aus, wenn jemand ihn morgen kaufen wollte?

Die Käuferbrille aufsetzen

Inhaber sehen ihren Betrieb mit dem Herzen. Käufer sehen ihn mit dem Taschenrechner. Beide Blicke sind richtig, aber sie führen zu sehr unterschiedlichen Einschätzungen.

Wer verkaufen will, muss verstehen, wie Käufer denken. Was sehen sie? Was bewerten sie hoch, was niedrig? Wo sind sie skeptisch, wo lassen sie sich überzeugen? Dieses Kapitel ist deine Übersetzung in die Käufersprache.

Was Käufer wollen

Vereinfacht gesagt: Sicherheit. Sie wollen wissen, dass der Betrieb nach dem Verkauf weiterläuft. Dass die Mitarbeiter bleiben. Dass die Kunden zahlen. Dass die Zahlen stimmen. Dass keine Überraschungen lauern.

Sechs konkrete Punkte prüfen sie immer. In jeder Größe, in jeder Branche, bei jedem Übergabe-Modell. Wenn du diese sechs Punkte sauber präsentieren kannst, hast du einen käufer-fähigen Betrieb.

Punkt 1: Belastbare Zahlen der letzten Jahre

Das absolute Minimum. Drei nachvollziehbare Jahresabschlüsse, ohne Lücken, ohne Ausreißer, die nicht erklärbar sind. BWA-Auswertungen Monat für Monat. Steuerbescheide. Keine Schätzungen, keine Da hat mein Buchhalter mal was anders gemacht. Sondern: belastbar.

Wer das nicht hat, kommt nicht in die zweite Verhandlungsrunde. Punkt.

Punkt 2: Nachvollziehbare Ertragskraft

Aus den Zahlen muss ablesbar sein, womit der Betrieb wirklich Geld verdient. Welche Auftragsart bringt welche Marge? Welche Kunden sind profitabel, welche nicht? Wie war die Entwicklung in den letzten drei Jahren?

Käufer wollen Muster sehen. Sie wollen verstehen, was deinen Betrieb wirtschaftlich trägt. Wer das nur im Bauch weiß, kann es nicht zeigen. Wer es nicht zeigt, kriegt einen Abschlag.

PROFITIPP

Lass deinen Steuerberater 12 Monate vor Verkauf eine Nachfolge-Aufbereitung deiner Zahlen machen. Bereinigtes EBITDA, normalisierte BWA, Auftragsart-Auswertung. Das gibt dir das Material, mit dem du seriös verhandeln kannst.

Typische Kosten aus meiner Beratungspraxis: 1.500 bis 3.000 Euro, abhängig von Betriebsgröße und Datenlage.

Punkt 3: Organisierte Baustellen- und Projektabläufe

Wie läuft bei dir eine Baustelle ab? Vom ersten Kundenkontakt bis zur Schlussrechnung? Ist das ein eingespielter Prozess, oder erfindet jeder Bauleiter sein eigenes System?

Käufer kommen zur Besichtigung. Sie schauen sich Baustellen an. Sie fragen den Vorarbeiter: Wie kalkuliert ihr eine Pflasterfläche? Wenn der Vorarbeiter sagt: Da hat jeder seine eigene Art, ist das ein Warnsignal. Wenn er sagt: Wir haben dafür einen Prozess, hier der Ordner, ist es ein Pluspunkt.

AUS MEINER BERATUNG

Ein 15-Mann-Betrieb in Niedersachsen, alles lief, aber nichts war dokumentiert. Wir haben sechs Monate damit verbracht, die wichtigsten Prozesse aufzuschreiben: Angebotsprozess, Baustelleneinrichtung, Materialbestellung, Schlussrechnung. Auf zwölf Seiten, kein Roman, sondern Checklisten und Verantwortlichkeiten.

Beim Käufer-Gespräch ein Jahr später war das eines der Argumente, mit denen wir den Multiplikator von 3,2 auf 3,8 verhandelt haben.

Erfahrungswert aus dieser Beratung. Multiplikatoren variieren je nach Region, Ertragslage und Käuferstruktur.

Punkt 4: Mitarbeiter, die Verantwortung tragen

Käufer fragen: Wer entscheidet was, wenn Sie nicht da sind? Und sie fragen nicht den Chef, sondern die Mitarbeiter selbst. Bei der Baustellenbegehung. Beim Mittagessen. Im Gespräch mit Bauleiter und Vorarbeiter.

Die Antworten der Mitarbeiter sind oft das, was über den Verkauf entscheidet. Wenn ein Vorarbeiter sagt: Ich entscheide bis 5.000 Euro selbst, alles drüber stimme ich mit dem Bauleiter ab, ist das Musik in Käufer-Ohren. Wenn er sagt: Da fragen wir immer den Chef, kennt der Käufer dein Geschäftsmodell.

STOLPERFALLE

Käufer reden mit deinen Mitarbeitern. Manchmal offiziell, manchmal informell. Wenn du Mitarbeiter hast, die unzufrieden sind, geht das nicht spurlos vorbei. Vor dem Verkauf mit den Schlüsselleuten offen reden: Was wünschen sie sich? Was würde sie zum Bleiben bewegen?

Punkt 5: Klare Verträge, Dokumente und Zuständigkeiten

Spätestens in der Due Diligence, der Käufer-Prüfung, kommt jeder Vertrag auf den Tisch. Gesellschaftsvertrag, Miet- und Pachtverträge, Geschäftsführer-Anstellung, Arbeitsverträge, Lieferantenverträge, Wartungsverträge, Versicherungen, Lizenzen.

Wer hier Lücken hat, wer Verträge nicht findet oder nur mündliche Abmachungen vorzeigen kann, verliert in jeder Verhandlung. Käufer kalkulieren Unsicherheit in den Preis ein. Jede Lücke ist Verhandlungs-Argument.

Was du parat haben solltest

Eine saubere Vertrags-Liste mit den 20 bis 30 wichtigsten Dokumenten. Aktuell, vollständig, einsehbar. Plus ein Organigramm, das zeigt, wer im Betrieb welche Rolle hat. Plus die wichtigsten internen Anweisungen und Stellenbeschreibungen. Das ist alles Standard. Aber Standard, der bei den meisten Betrieben fehlt.

Punkt 6: Realistische Zukunftsperspektive

Käufer kaufen Zukunft. Sie wollen wissen: Wie geht es weiter mit dem Markt? Mit der Region? Mit dem Kundenstamm? Mit dem Personal? Wer als Verkäufer ehrlich antwortet, gewinnt. Wer schönfärbt, fliegt auf.

Was eine realistische Zukunftsperspektive enthält

Ein paar Sätze zum Markt: Wie entwickelt sich der Galabau in deiner Region? Wachsen Pflegeaufträge, sinken Neuanlagen? Wer sind die Wettbewerber? Wer sind die wichtigsten Kunden, und wie stabil sind die Beziehungen?

Eine ehrliche Einschätzung zu Risiken: Welche Kunden machen mehr als 10 Prozent vom Umsatz aus? Welche Schlüsselmitarbeiter könnten gehen? Welche regulatorischen Themen kommen auf den Galabau zu (Mindestlohn, Wasserrecht, Pflanzenschutz)?

Und ein Ausblick: Wo könnte dein Nachfolger den Hebel ansetzen, um den Betrieb weiterzuentwickeln? Was sind die ungenutzten Chancen? Ein gut durchdachter Businessplan gibt hier Klarheit und Übersicht. Übrigens ist so ein Businessplan auch für laufende Betriebe immer eine gute Idee, um sich zu hinterfragen und neue Chancen durchzudenken.

PROFITIPP

Schreib drei Seiten Zukunfts-Memo, bevor du verkaufst. Markt, Chancen, Risiken, Empfehlungen. Käufer sind beeindruckt, wenn der Verkäufer ehrlich Risiken benennt. Das schafft Vertrauen, das in jeder Verhandlung mehr wert ist als Schönfärberei.

Die Käufer-Checkliste auf einer Seite

Bevor wir in die Übung gehen, hier die sechs Punkte zum Abhaken.

WAS KÄUFER PRÜFEN

☐ Belastbare Zahlen der letzten drei Jahre, ohne Lücken, ohne unerklärbare Ausreißer.

☐ Nachvollziehbare Ertragskraft mit Muster-Analyse nach Auftragsart und Kunde.

☐ Organisierte Baustellen- und Projektabläufe, dokumentiert und gelebt.

☐ Mitarbeiter, die Verantwortung tragen, mit klaren Entscheidungs-Befugnissen.

☐ Klare Verträge, Dokumente und Zuständigkeiten, vollständig und aktuell.

☐ Realistische Zukunftsperspektive mit ehrlichen Chancen und Risiken.

Jetzt du: Käufer-Test in 15 Minuten

Stell dir vor, morgen kommt ein ernsthafter Käufer. Was könntest du heute schon vorlegen, was nicht?

DEIN KÄUFER-BEREITSCHAFTS-TEST

1. Welchen der sechs Punkte könntest du heute ohne Vorbereitung sauber vorlegen?

____

2. Welcher der sechs Punkte ist deine größte Baustelle?

____

3. Wie lange würdest du brauchen, um diese Baustelle aufzuräumen?

____

DEINE WOCHEN-AUFGABEN

☐ **Die Mappen-Aktion.** Setz dich eine Stunde hin und schau, was du heute schon parat hättest. Drei Jahresabschlüsse, BWA, wichtige Verträge. Was fehlt? Mach eine Lücken-Liste.

☐ **Den Vorarbeiter-Test machen.** Frag deinen Vorarbeiter beim nächsten Baustellengespräch: Wer entscheidet bei uns, wenn ich nicht da bin? Hör genau zu.

☐ **Drei Sätze Zukunfts-Sicht aufschreiben.** Wie entwickelt sich dein Markt? Wo siehst du Chancen, wo Risiken? Drei Sätze reichen für den Anfang.

Wie es weitergeht

Du kennst jetzt, was Käufer wirklich sehen wollen. Im nächsten Kapitel gehen wir an die andere Seite: die typischen Stolperfallen, die ich in fast jeder Beratung sehe. Sechs Fehler, die immer wieder Übergaben kosten. Wer sie kennt, kann sie vermeiden.

Mehr dazu: Nachfolge-Selbstcheck
gebeier.de/nachfolge-check
Wie käufer-fertig ist dein Betrieb wirklich? Der Check zeigt es.

Bevor du umblätterst: Markier dir den einen Punkt der sechs, an dem du diese Woche anfängst. Lieber einer richtig als sechs halb.

KAPITEL 7

Die typischen Stolperfallen

Sechs Fehler, die ich in fast jeder Beratung sehe

Bei einer Nachfolge gibt es Hunderte Dinge, die schief gehen können. Aber sechs sind so häufig, dass sie eigene Erwähnung verdienen. Wer diese sechs vermeidet, hat schon 80 Prozent der typischen Probleme gelöst.

> ***Erfolg in der Nachfolge ist meistens die Abwesenheit der typischen Fehler.***

Drei Fragen, die dieses Kapitel beantwortet

1. Welche sechs Fehler tauchen in fast jeder Galabau-Nachfolge auf?

2. Woran erkennst du, ob du selbst in einer dieser Fallen steckst?

3. Wie kommst du konkret wieder raus, ohne das ganze Projekt neu zu planen?

Warum diese sechs immer wieder auftauchen

In über 200 Beratungen mit Galabau-Inhabern habe ich gelernt: Es sind nicht die exotischen Probleme, die Nachfolgen scheitern lassen. Es sind die immer gleichen sechs Fehler. Egal ob 12-Mann-Betrieb in Brandenburg oder 80-Mann-Betrieb in Bayern.

Das Gute daran: Wer die Fehler kennt, kann sie vermeiden. Oder wenn er schon drinsteckt: gezielt rauskommen. Jede der folgenden sechs Stolperfallen kommt mit konkretem Frühwarnsignal und konkreter Lösung.

Geh dieses Kapitel mit dem Filzstift durch. Markier ehrlich, was bei dir zutrifft. Wer mehr als drei der sechs Fallen hat, sollte nicht weiterlesen, sondern erstmal aufräumen.

Stolperfalle 1: Chef ist in allem der Flaschenhals

Die häufigste und teuerste Falle. Alles läuft über dich. Angebote, Baustellen-Entscheidungen, Kundenanrufe, Materialbestellung, Mitarbeitergespräche, Reklamationen. Du bist die Drehscheibe, an der alles vorbei muss.

Woran du es erkennst

Wenn du zwei Wochen krank bist, kommen 50 Mitarbeiteranrufe, der Umsatz bricht ein, drei Reklamationen eskalieren. Wenn du in den Urlaub fährst, nimmst du das Handy mit. Wenn ein Bauleiter eine Entscheidung trifft, ohne dich zu fragen, irritiert dich das.

ACHTUNG GEFAHR

Beim Verkauf kostet diese Falle 20 bis 40 Prozent vom Preis. Käufer rechnen damit. Kein vielleicht, kein Verhandeln. Wer als Flaschenhals verkauft, verschenkt sechsstellig.

Erfahrungswert aus meiner Beratungspraxis. Der tatsächliche Abschlag hängt von Betriebsgröße, Inhaberabhängigkeit und Käuferkreis ab.

Wie du da rauskommst

Eine Aufgabe pro Woche bewusst abgeben. Klein anfangen. Eine Kundenrückrufliste, eine Angebotsfreigabe bis 5.000 Euro, die Materialdisposition für eine Baustelle. Und dann: Hände weg. Auch wenn der Mitarbeiter es anders macht. Auch wenn er Fehler macht. Lass ihn lernen.

Das dauert zwei bis drei Jahre. Es gibt keine Abkürzung. Aber jeder Tag, an dem du losLässt, ist Geld auf deinem Verkaufspreis.

Stolperfalle 2: Keine zweite Führungsebene

Verwandt mit Stolperfalle 1, aber eigenständig. Manche Betriebe haben gar keine zweite Ebene. Andere haben eine, aber sie traut sich nichts, oder sie hat keine Befugnisse, oder sie ist nicht entwickelt worden.

Woran du es erkennst

Frage dich: Wer im Betrieb könnte morgen für vier Wochen alleine den Laden schmeißen? Wenn dir niemand einfällt, hast du keine zweite Ebene. Wenn dir jemand einfällt, aber du im selben Atemzug sagst aber nicht ohne mich, hast du auch keine.

STOLPERFALLE

Die ehrliche Prüfung: Lass deinen Bauleiter drei Tage allein machen. Geh wandern, nimm das Handy nicht mit. Was ist nach drei Tagen passiert? Wenn alles läuft, hast du eine zweite Ebene. Wenn du 30 Anrufe hast, hast du keine.

Wie du da rauskommst

Drei Wege. Erstens: Aus dem eigenen Team aufbauen. Wer hat das Zeug, wird es aber bisher nicht gefordert? Wem fehlt nur die Befugnis, nicht die Fähigkeit? Diese Person identifizieren und systematisch entwickeln.

Zweitens: Extern einstellen. Einen erfahrenen Bauleiter oder Betriebsleiter holen. Das bringt im Verkauf das Mehrfache zurück.

Drittens: Geduld. Eine zweite Führungsebene wächst in zwei bis vier Jahren. Wer in einem Jahr verkaufen will und keine hat, kann das nicht mehr aufholen.

PROFITIPP

Typische Kosten für einen erfahrenen Bauleiter oder Betriebsleiter liegen aus meiner Beratungspraxis bei 60.000 bis 80.000 Euro im Jahr, abhängig von Betriebsgröße, Region und Qualifikation. Der Rückfluss im Verkaufspreis liegt bei einem gut entwickelten Kandidaten nach zwei Jahren darüber.

Stolperfalle 3: Fehlende Nachkalkulation

Du machst gute Umsätze. Die BWA sieht okay aus. Am Jahresende ist der Gewinn da. Aber: Du weißt nicht, womit du ihn machst. Welche Auftragsart bringt 15 Prozent Marge, welche nur 3 Prozent, welche kostet sogar drauf? Wenn du das nicht beantworten kannst, hast du diese Falle.

Woran du es erkennst

Du kalkulierst nach Bauchgefühl oder mit pauschalen Stundensätzen. Du weißt im Großen, dass es passt, aber im Kleinen nicht, warum. Wenn der Kunde nachverhandeln will, hast du keine Daten, um deine Preise zu rechtfertigen.

AUS MEINER BERATUNG

Ein Galabau-Betrieb mit 18 Mitarbeitern, 2,2 Mio Umsatz. Der Inhaber wusste, dass Pflasterarbeiten gut laufen und Pflanzungen weniger. Wir haben drei Monate jede Baustelle nachkalkuliert. Ergebnis: Pflasterarbeiten machten 22 Prozent Marge, Pflanzungen 14 Prozent. Aber: Sonderfälle wie Teichanlagen machten 4 Prozent. Drei Teichprojekte im Jahr fraßen die Hälfte der Pflaster-Marge auf.

Der Inhaber war verblüfft. Wir haben Teichanlagen aus dem Angebot genommen. Der Gewinn stieg im nächsten Jahr um 80.000 Euro, bei gleichem Umsatz.

Wie du da rauskommst

Eine einfache Nachkalkulations-Software einführen. Es gibt branchenspezifische Lösungen ab 50 Euro im Monat. Wichtiger als die Software: die Disziplin, jede Baustelle nach Abschluss zu erfassen. Material, Stunden, Maschinenstunden, Fahrtzeiten. Mindestens sechs Monate konsequent, dann hast du Muster, mit denen du arbeiten kannst.

Stolperfalle 4: Privat und betrieblich vermischt

Der Firmenwagen, den auch deine Frau privat fährt. Das Haus, das die GmbH finanziert hat. Das Privatdarlehen vom Schwiegervater, das im Anlagevermögen steht. Die Bürgschaft, die du persönlich übernommen hast. Wenn du das alles auseinanderknotest, hast du auf einmal sechs Wochen Arbeit vor dir.

Woran du es erkennst

Wenn dein Steuerberater stöhnt, sobald er dein Anlagenverzeichnis öffnet. Wenn du selbst nicht mehr genau weißt, was privat ist und was Firma. Wenn deine Frau bei der Übergabe-Frage sagt: Aber das Haus gehört doch zur Firma, oder?

STOLPERFALLE

Für Käufer ist das eine Katastrophe. Niemand kauft einen Betrieb, in dem private und betriebliche Vermögenswerte vermischt sind. Erstens wegen der Haftungs-Unklarheit. Zweitens, weil die Bewertung dadurch unsauber wird.

Wie du da rauskommst

Mindestens 18 Monate vor Verkauf eine Vermögens-Inventur mit dem Steuerberater. Jeder Posten: privat oder

Firma? Bei Vermischung: sauber trennen. Privatwagen kaufen oder vom Betrieb auslösen. Privatdarlehen zurückzahlen oder formal vereinbaren. Bürgschaften prüfen und nach Möglichkeit ablösen.

Das ist Aufwand. Aber es macht den Betrieb verkaufbar und schützt dich nach dem Verkauf vor Haftungs-Überraschungen.

Stolperfalle 5: Unklare Verträge und Besitzverhältnisse

Du hast einen Geschäftsführer-Anstellungsvertrag aus 1998. Mietverträge, die nie schriftlich gemacht wurden, weil du Eigentümer und Mieter in einer Person bist. Arbeitsverträge, die seit 15 Jahren nicht angepasst wurden. Eine GbR-Beteiligung, deren Vertrag niemand mehr findet.

Woran du es erkennst

Wenn dein Steuerberater oder Anwalt nach dem aktuellen Gesellschaftsvertrag fragt und du in der Schublade graben musst. Wenn Mietverträge zwischen dir und deiner GmbH nicht existieren oder mündlich sind. Wenn keiner weiß, wem genau welcher Anteil gehört.

ACHTUNG GEFAHR

Unklare Verträge sind beim Verkauf der häufigste Deal-Killer. Käufer steigen aus, wenn sie nicht klar sehen, was sie kaufen. Die Due Diligence deckt diese Lücken gnadenlos auf. Wer dann erst aufräumen will, hat schon verloren.

Wie du da rauskommst

Eine Vertrags-Inventur mit deinem Anwalt. Alle wesentlichen Verträge auflisten: Gesellschaftsvertrag, Geschäftsführer-Vertrag, Miet- und Pachtverträge, Lizenz- und Lieferverträge, Beratungs- und Wartungsverträge. Bei jedem prüfen: Existiert? Aktuell? Vollständig? Was fehlt, ergänzen. Was unklar ist, klären.

Stolperfalle 6: Übergabe beginnt zu spät

Die häufigste, weil sie sich nicht wie ein Fehler anfühlt. Es brennt ja nichts. Der Betrieb läuft. Man ist 55, dann 60, dann auf einmal 64, und das Knie zwickt. Plötzlich ist es nicht mehr irgendwann mal, sondern nächstes Jahr.

Woran du es erkennst

Wenn du das Wort Nachfolge schon dreimal vor dir hergeschoben hast in den letzten zwei Jahren. Wenn dein Partner dich darauf anspricht und du sagst Ach, das mach ich noch. Wenn du auf die Frage Bis wann willst du übergeben? keine konkrete Jahreszahl nennen kannst.

AUS MEINER BERATUNG

Ein 67-jähriger Inhaber, schwerer Herzinfarkt im April. Im Juni musste die Familie verkaufen, weil er das Krankenhaus nicht so schnell verlassen konnte. Der Betrieb war nicht vorbereitet. Keine Bewertung, keine zweite Ebene, keine Steuer-Optimierung.

Verkauft an einen Wettbewerber für rund 40 Prozent unter dem, was ein Jahr vorher bei geordnetem Verkauf realistisch gewesen wäre. Ein Verlust von mehreren Hunderttausend Euro. Vermeidbar, wenn drei Jahre vorher begonnen worden wäre.

Erfahrungswert aus dieser Beratung. Abschläge bei Notfallverkäufen variieren stark je nach Marktlage, Betriebsstruktur und Käufer.

Wie du da rauskommst

Indem du jetzt anfängst. Heute, diese Woche. Nicht mit dem Verkauf, sondern mit Phase 1 aus dem Fahrplan:

Lebensplanung, Ziele klären, einen Zeitrahmen festlegen. Auch wenn der Zeitrahmen in zehn Jahren heißt, ist das ein konkreter Anfang.

Der einzige Weg, diese Stolperfalle zu vermeiden, ist: anfa

ngen, bevor es weh tut.

Die sechs Stolperfallen im Überblick

Zum Wiederfinden, wenn du in vier Wochen das Kapitel nochmal aufschlägst.

DEINE STOLPERFALLEN-DIAGNOSE

Hak ehrlich ab, was auf deinen Betrieb zutrifft.

☐ Chef ist in allem der Flaschenhals. Alles läuft über mich.

☐ Keine zweite Führungsebene. Niemand könnte den Betrieb vier Wochen allein führen.

☐ Fehlende Nachkalkulation. Ich weiß nicht, welche Auftragsart wirklich profitabel ist.

☐ Privates und Betriebliches vermischt. Bürgschaften, Privatwagen, Familiendarlehen liegen durcheinander.

☐ Unklare Verträge und Besitzverhältnisse. Wesentliche Verträge sind alt, fehlen oder sind nur mündlich.

☐ Übergabe beginnt zu spät. Ich schiebe das Thema seit Jahren vor mir her.

Bei wie vielen Punkten konntest du ehrlich abhaken? Wer mehr als drei hat, sollte vor jeder Übergabe-Planung erstmal aufräumen. Das dauert ein bis zwei Jahre und ist die wertvollste Investition vor dem Verkauf.

Jetzt du: Deine Stolperfallen-Bilanz

Sei ehrlich. Niemand schaut mit. Aber wer hier schönt, betrügt sich selbst um den eigenen Verkaufspreis.

DREI SELBSTREFLEXIONEN

1. **Welche der sechs Stolperfallen trifft auf dich am stärksten zu?**

   ____

2. **Was hindert dich daran, sie sofort anzugehen?**

   ____

3. **Was wäre der erste sehr kleine Schritt, den du diese Woche machen könntest?**

   ____

DEINE WOCHEN-AUFGABEN

☐ **Den ehrlichen Stolperfallen-Check machen.** Geh die sechs Punkte aus der Übersicht durch, hak ab, was zutrifft. Allein. Ohne Schönen. Schreib die Zahl auf.

☐ **Eine konkrete Aufgabe abgeben.** Egal welche. Die Materialdisposition für eine Baustelle, die Angebotsfreigabe bis 5.000 Euro, einen Kundenrückruf. Hauptsache: ein Stück weniger Flaschenhals.

☐ **Den Bürgschaften-Stapel aus der Schublade holen.** Schau nach, wo überall du noch persönlich unterschrieben hast. Allein das Wissen ist ein Schritt raus aus Stolperfalle 4.

Wie es weitergeht

Du kennst jetzt die sechs typischen Fallen und weißt, woran du sie erkennst. Im nächsten Kapitel gehen wir an die Phase nach dem Notartermin: Was passiert in den 12 Monaten nach der Übergabe? Was musst du als Übergeber tun, damit der Betrieb stabil bleibt?

Mehr dazu: Nachfolge-Selbstcheck

gebeier.de/nachfolge-check

In welcher Stolperfalle steckst du gerade? Der Check zeigt es.

Bevor du umblätterst: Markier dir die eine Stolperfalle, die du als erstes anpacken willst. Eine reicht. Wer sechs auf einmal angeht, schafft keine.

KAPITEL 8

Die ersten zwölf Monate

Wenn der Plan auf die Realität trifft

Der Notartermin ist unterschrieben. Der Betrieb hat einen neuen Inhaber. Kunden sind da. Mitarbeiter sind da. Das Geschäft läuft.

Und trotzdem: Diese ersten zwölf Monate sind oft die härtesten des ganzen Prozesses. Nicht weil etwas fehlt. Sondern weil aus einem Meister, einem Bauleiter oder einem angestellten Manager jetzt plötzlich ein Unternehmer werden muss. Das passiert nicht am Tag der Unterschrift. Das ist eine Metamorphose. Und die braucht Zeit.

> ***Die Unternehmerpersönlichkeit braucht Zeit zum Reifen. Mach Fehler. Nur da drin steckt das Wachstumspotenzial.***

Drei Fragen, die dieses Kapitel beantwortet

1. Was passiert in einem Nachfolger, das keine Übergabe-Checkliste vorbereiten kann?

2. Wie reagiert das Team, wenn plötzlich jemand anderes Chef ist?

3. Was braucht ein neuer Inhaber in den ersten zwölf Monaten wirklich?

Die Metamorphose: Vom Meister zum Unternehmer

Ein frisch geschlüpfter Schmetterling kann noch nicht fliegen. Er muss erst Kraft in die Flügel pumpen. Das dauert. Wer zu früh daran zieht, zerstört ihn.

Genau das passiert mit vielen neuen Inhabern. Der Betrieb läuft, die Aufträge kommen, die Mitarbeiter sind da. Aber der neue Chef steht vor Entscheidungen, die er so noch nie getroffen hat. Und er steht oft allein.

Was sich ändert

Als Bauleiter oder Meister waren Entscheidungen kollegial. Man hat geredet, abgestimmt, Empathie gezeigt. Das war gut und richtig. Als Unternehmer ändert sich der Rahmen. Jetzt hängen Gehälter an deinen Entscheidungen. Jetzt gibt es keine Instanz mehr über dir, die das Letzte Wort hat. Jetzt bist du es.

Das klingt nach Freiheit. Und das ist es auch. Aber es ist gleichzeitig eine Last, die viele unterschätzen. Nicht jede

Entscheidung ist angenehm. Kündigungen, Preiserhöhungen, Kunden, die man verliert, Mitarbeiter, die die neue Situation nicht akzeptieren. All das ist jetzt deine Aufgabe. Und du kannst nicht mehr sagen: Das entscheidet der Chef.

Du bist der Chef.

Resilienz ist keine Charakterschwäche

Viele neue Inhaber machen den Fehler, jede Entscheidung zu nah an sich ranzulassen. Eine Kündigung ausgesprochen? Drei Wochen schlechtes Gewissen. Ein Auftrag verloren? Tagelang grübeln. Ein Mitarbeiter unzufrieden? Sofort den Frieden suchen, auch auf Kosten der Konsequenz.

Das ändert sich. Mit der Zeit, mit Erfahrung, mit dem Vertrauen in die eigenen Entscheidungen. Aber es ändert sich nicht von allein. Es ändert sich durch bewusstes Reflektieren, durch ehrliche Gespräche, manchmal durch Begleitung von außen.

PROFITIPP

Eine Entscheidung, die wirtschaftlich richtig ist, darf sich trotzdem schwer anfühlen. Beides gleichzeitig ist normal. Wer wartet, bis es sich leicht anfühlt, wartet meistens zu lang.

STOLPERFALLE

Die Falle der Selbständigkeit: Alles selbst machen, 24 Stunden erreichbar sein, keine Aufgabe abgeben. Das kennen wir schon aus Kapitel 7. Aber beim neuen Inhaber ist es besonders gefährlich, weil er noch nicht weiß, welche Aufgaben wirklich seine sind. Der Weg raus: Strukturiert abgeben, von Anfang an.

Das Team in der Übergangsphase

Kunden und Mitarbeiter sind da. Das ist die gute Nachricht. Die weniger gute: Beide testen gerade aus, wer dieser neue Mensch ist.

Das Team kennt den neuen Chef vielleicht seit Jahren. Als Kollegen, als Junior, als Bauleiter. Jetzt ist er Chef. Das ist eine neue Rolle für ihn. Und für alle anderen.

Die Teamentwicklungsphasen

Jede Mannschaft durchläuft bei Veränderungen bekannte Phasen: Orientierung, Konfrontation, Regelbildung, Leistung. Das ist nicht schlimm. Das ist menschlich. Aber es kostet Zeit. Und in dieser Zeit kann die Leistung des Teams temporär sinken. Aufträge, die vorher reibungslos liefen, haken plötzlich. Kommunikation funktioniert nicht wie gewohnt. Alte Loyalitäten werden neu verhandelt.

Wer das als Persönlichkeitsproblem sieht, reagiert falsch. Wer es als normalen Prozess versteht und begleitet, kommt schneller durch.

Was besonders wichtig ist

Mitarbeiter, die seit Jahren loyal zum alten Chef waren, sind jetzt in einer neuen Situation. Ihre Loyalität gehörte einer Person, nicht dem Betrieb. Das muss neu aufgebaut werden. Das geht nicht per Anordnung. Das geht über Klarheit, Konsequenz und echtes Interesse am Menschen.

Einzelgespräche in den ersten 90 Tagen. Klare Erwartungen aussprechen. Zuhören, was das Team braucht. Und dann: tun, was man sagt.

WAS HILFT IN DEN ERSTEN 90 TAGEN

☐ Einzelgespräche mit jeder Schlüsselperson: Was brauchst du, um gut arbeiten zu können?

☐ Klare Rollenverteilung kommunizieren: Wer entscheidet was, ab sofort?

☐ Drei Dinge beibehalten, die der alte Chef gut gemacht hat. Stabilität vor Veränderung.

☐ Drei Dinge ansprechen, die du anders machen wirst. Ehrlichkeit schafft Vertrauen.

☐ Konsequent bleiben. Wer Regeln aufstellt und sie selbst bricht, verliert die Mannschaft.

Controlling und Kapitaldecke

Die schönste Übergabe nützt nichts, wenn nach sechs Monaten die Liquidität klemmt. Das ist keine Seltenheit. Es ist sogar einer der häufigsten Gründe, warum Nachfolgen scheitern, obwohl der Betrieb operativ gut läuft.

Zahlen sind kein Bürothema

Der neue Inhaber muss die BWA lesen können. Nicht als Buchhalter, aber als Unternehmer. Was sagen die Zahlen gerade? Wo laufen Kosten davon? Wo stimmt die Marge nicht? Wann wird es eng?

Das klingt selbstverständlich. Ist es aber in der Praxis oft nicht. Viele neue Inhaber verlassen sich auf den Steuerberater. Der schickt die BWA, der neue Chef schaut kurz rein und denkt: Scheint zu passen. Das ist zu wenig.

PROFITIPP

Monatliches Controlling-Ritual einführen: An einem festen Tag im Monat, eine Stunde, nur Zahlen. BWA, Liquiditätsplan, offene Forderungen, anstehende Investitionen. Diese Stunde ist die wichtigste des Monats.

Businessplan anpassen

Nichts ändert sich so schnell wie ein Plan, sobald die Realität eingreift. Der Businessplan, der vor der Übergabe erstellt wurde, war gut. Aber spätestens nach sechs Monaten sollte er angefasst werden. Was hat sich verändert? Was stimmt noch? Was muss korrigiert werden?

Ein Plan, der nie angepasst wird, ist keine Führung. Er ist ein Wunsch.

Kapitaldecke richtig wählen

Wer bei der Finanzierung zu knapp kalkuliert hat, gerät beim ersten unerwarteten Ereignis in Schwierigkeiten. Maschinenausfall, ein Großkunde der spät zahlt, ein verregneter Herbst mit weniger Aufträgen. Im Galabau ist das keine Außnahme, das ist der normale Jahresverlauf.

Eine Liquiditätsreserve von mindestens zwei bis drei Monatsausgaben sollte in den ersten Jahren unangetastet bleiben. Wer das nicht hat, sucht im schärfsten Moment nach Alternativen. Das kostet Kraft und Konzentration, die der Betrieb gerade woanders braucht.

Vernetzung und Preismut

Ein Fehler, den viele neue Inhaber machen: Sie glauben, sie müssen alleine durch. Niemand soll sehen, dass man noch lernt. Keine Schwäche zeigen, keine Fragen stellen, keine Hilfe annehmen.

Das Gegenteil ist richtig. Gerade im Galabau ist die Vernetzung mit anderen Inhabern eine der stärksten Ressourcen, die du hast. Wer sich früh im Fachverband engagiert, wer den Kontakt zu anderen Betrieben pflegt, wer offen fragt und offen erzählt, lernt schneller als jeder, der allein im Büro sitzt.

Preismut: Was Kollegen dir zeigen können

Viele neue Inhaber trauen sich nicht, Preise zu erhöhen. Sie fürchten, Kunden zu verlieren. Sie denken, sie müssen günstiger sein als die anderen, um sich zu behaupten.

Das stimmt fast nie. Die Kollegen warten oft nur darauf, dass jemand den ersten Schritt macht. Und wenn du diesen Schritt machst, sind sie dankbar. Sie ziehen nach. Niemand zeigt mit dem Finger auf denjenigen, der den Preis anhebt. Im Gegenteil: Es entsteht eine Dynamik, von der alle profitieren.

Und wer Preise anhebt, der braucht auch die Zahlen dafür. Plankostenrechnung, Nachkalkulation, BWA-Analyse. Das ist kein Buchhaltungsthema. Das ist Unternehmertum.

PROFITIPP

Gürtel dir einen Verbandstermin pro Quartal ein. Nicht nur als Pflicht, sondern als Investition in dein Netzwerk. Die Gespräche am Rande sind oft wertvoller als das Programm auf der Bühne.

Zwei Wege, eine Übergabe

Kein Übergang ist wie der andere. Zwei Beispiele aus meiner Beratungspraxis zeigen, wie unterschiedlich die ersten Monate verlaufen können und was den Unterschied macht.

AUS MEINER BERATUNG: DIRK

Dirk übernahm einen GaLaBau-Betrieb mit fünf Mitarbeitern von seinem Vater. Er war kurz im Betrieb des Vaters, da er Lehre, Studium und Tätigkeit als Bauleiter in anderen Betrieben absolviert hatte. Er hatte Erfahrung, aber noch keine eigene Unternehmerpersönlichkeit entwickelt. Der Vater war noch lange emotional mit dem Betrieb verbunden: auch als die Firma schon 25 Mitarbeiter zählte, war es in seinen Augen noch der eigene Verdienst. Ein anderes Firmengelände, ein frisch aufgebautes Team, eine neue Preisstruktur. Dirk hatte schon viel geleistet, nur nicht die Anerkennung erhalten.

Der Weg war nicht einfach. Es gab Mitarbeiter-Entscheidungen, die sich über zwei Jahre zogen. Kündigungen, die sich nicht leicht anfühlten, aber wirtschaftlich notwendig waren. Dirk hat sehr viel riskiert und investiert: auf Kosten seiner Freizeit, auf Kosten seiner Entnahme. In vielen Gesprächen haben wir Ruhe und Ehrlichkeit in den Prozess gebracht.

Die Plankostenrechnung haben wir jedes Jahr neu gemacht. Preiserhöhungen wurden diskutiert, Dirk zweifelte. Dann kam er eines Tages zurück aus einem Kollegengespräch und sagte:

Ich bin immer noch der Günstigste. Die anderen haben schon längst angezogen.

Heute hat Dirk einen Betrieb, der wächst, der Struktur hat, der ohne ihn funktioniert. Es hat gedauert. Aber er hat es gemacht.

AUS MEINER BERATUNG: LUKAS

Lukas übernahm den Familienbetrieb, in dem er gefühlt zehn Jahre lang gearbeitet hatte. Vieles war schon vorbereitet. Er war längst in der Unternehmerrolle, traf Entscheidungen, führte Bauleiter. Die formale Übergabe war fast eine Bestätigung dessen, was schon längst Realität war.

Die Mitarbeiterbewegung war gering. Natürlich gab es Diskussionen: Jeder kannte Lukas noch als den Juniorchef. Der Senior-Chef Werner hatte schneller und manchmal härter entschieden. Diese Umstellung brauchte Zeit. Aber es war wesentlich ruhiger als bei Dirk.

Der Unterschied: Lukas hatte Jahre gehabt, um die Unternehmerpersönlichkeit zu entwickeln. Dirk hatte diese Zeit nicht. Beides ist möglich. Aber je früher man anfängt und je klarer man kommuniziert, desto sanfter werden die Übergänge im Folgejahr.

Zusammenfassung Kapitel 8

Die ersten zwölf Monate sind keine Schonfrist. Aber sie sind auch keine Bewährungsprobe, die du allein bestehen musst.

WAS DIE ERSTEN ZWÖLF MONATE ENTSCHEIDET
☐ Die Metamorphose vom Meister zum Unternehmer braucht Zeit. Das ist normal. Beschleunigen lässt sie sich durch Reflexion, Gespräche und ehrliches Feedback.
☐ Das Team durchläuft Phasen. Temporärer Leistungs-Rückgang ist kein Zeichen für Fehler, sondern für Veränderung. Begleiten statt reagieren.
☐ Monatliches Controlling ist Pflicht. BWA lesen, Liquidität im Blick, Businessplan anpassen.
☐ Vernetzung ist keine Freizeitaktivität. Der Austausch mit anderen Inhabern spart Jahre.
☐ Preismut lohnt sich. Die Kollegen warten oft nur auf den ersten Schritt.
☐ Je früher die Vorbereitung begann, desto ruhiger ist der Übergang. Dirk und Lukas zeigen beide Wege.

Jetzt du

DREI FRAGEN FÜR NEUE INHABER

1. **Welche Entscheidung schiebe ich gerade vor mir her, weil sie sich schwer anfühlt?**

___

2. **Wie gut kenne ich meine aktuellen Zahlen? Kann ich sie in drei Sätzen erklären?**

___

3. **Mit wem im Fachverband oder Kollegenkreis könnte ich diese Woche ein ehrliches Gespräch führen?**

___

DEINE WOCHEN-AUFGABEN

☐ **Einzelgespräch mit einer Schlüsselperson im Team.** Nicht über Aufträge. Über die Person selbst. Was braucht sie? Was wünscht sie sich? Was macht ihr Sorgen?

☐ **BWA des letzten Monats aufmachen.** Nicht zum Abnicken. Zum Verstehen. Einen Posten herausgreifen, der sich verändert hat, und herausfinden warum.

☐ **Einen Verbandstermin für das nächste Quartal eintragen.** Fest im Kalender, nicht verschiebbar. Und schon jetzt an zwei Personen denken, mit denen du dort reden willst.

Ein letztes Wort von mir

Ich habe über die Jahre viele Betriebsübergaben begleitet. Und ich habe dabei eines gelernt: Es gibt keinen perfekten Weg. Aber es gibt einen vorbereiteten und einen unvorbereiteten.

Die Namen sind geändert. Die Geschichten sind echt. Und hinter jeder Geschichte stecken Abende mit schlechtem Schlaf, Entscheidungen die wehgetan haben, Momente des Zweifels. Und dann: Wachstum. Immer wieder Wachstum.

Was mich antreibt ist nicht der perfekte Übergang. Es ist der Unternehmer, der in drei Jahren auf mich zukommt und sagt: Das hätte ich ohne dich nicht so hingekriegt. Das ist Wozu ich das mache.

Ihr seid nicht allein. Sucht euch Begleitung. Nutzt das Netzwerk. Lernt von anderen. Und vergesst dabei nicht: Jeder Betrieb ist anders. Jede Geschichte ist anders. Eure Geschichte schreibt ihr selbst.

In diesem Sinne: Viel Mut, viel Geduld und viel Freude bei dem, was ihr aufbaut.

Mehr dazu: Nachfolge-Selbstcheck

Wo stehst du in deiner Unternehmerpersönlichkeit? Der Check zeigt es.

Alle Namen und Unternehmen in diesem Buch wurden geändert. Die geschilderten Geschichten und Situationen entstammen echter Beratungspraxis. Namentsübereinstimmungen mit realen Personen oder Betrieben sind nicht beabsichtigt.

Anhang

Über den Autor

Günter Beier ist Unternehmensberater und Mediator mit Schwerpunkt GaLaBau. Er begleitet Inhaber von Garten- und Landschaftsbau-Betrieben bei Nachfolgeplanung, Strukturaufbau und unternehmerischer Entwicklung.

Den ersten und prägendsten Einblick in das Thema Unternehmensübergabe bekam er früh: Nach dem plötzlichen Tod seines Vaters übernahm er als Meisterschüler dessen Betrieb, ohne Vorbereitung und ohne Unterstützung. Was danach kam, hat seine Beraterperspektive dauerhaft geformt.

In mehr als 200 Beratungen hat er Inhaber begleitet, die ihren Betrieb verkaufen, übergeben oder neu strukturieren wollten. Sein Ansatz: Branchenkenntnis kombiniert mit wirtschaftlichem Klartext und Mediationskompetenz bei familiären Konflikten.

Günter Beier lebt in der Nähe von Karlsruhe und arbeitet überregional.

Beratungsangebote

Wenn du nach dem Lesen weiterdenken möchtest: Hier sind die Wege, auf denen eine Zusammenarbeit starten kann.

Nachfolge-Begleitung

Von der ersten Orientierung bis zum Notartermin. Strukturiert in den vier Phasen aus Kapitel 3. Einzelberatung, Begleitung über Monate oder gezielte Impulse: je nach Bedarf.

Betriebswirtschaftliche Analyse und Werttreiber-Entwicklung

BWA-Analyse, Nachkalkulation einführen, Inhaberabhängigkeit reduzieren. Ergebnis: ein Betrieb, der sich selbst trägt und beim Verkauf mehr wert ist.

Mediation bei Familien- und Gesellschafterkonflikten

Wenn es in der Familie knirscht oder Gesellschafter unterschiedliche Vorstellungen haben. Strukturierte Gespräche, Einzelberatung, Familienrat.

Selbstcheck und Erstgespräch

Der Nachfolge-Selbstcheck auf gebeier.de dauert fünf Minuten. Danach können wir in einem kostenlosen Erstgespräch schauen, was für dich der nächste sinnvolle Schritt ist.

Kontakt und weitere Informationen:

www.gebeier.de | info@gebeier.de

BAFA-Förderung

Als zertifizierter Unternehmensberater kann Günter Beier über das BAFA-Förderprogramm Unternehmerisches Know-how bezuschusst werden.

Was das bedeutet: Du als Unternehmer bekommst einen Teil der Beratungskosten vom Staat erstattet. Für kleine und mittlere Unternehmen in der Nachfolge-Situation sind Zuschüsse von bis zu 80 Prozent der Förderfähigen Ausgaben möglich.

Voraussetzungen:
Das Unternehmen muss als KMU (kleines oder mittleres Unternehmen) eingestuft sein. Das trifft auf die überwiegende Mehrheit der GaLaBau-Betriebe zu. Die Beratung muss bestimmten inhaltlichen Anforderungen entsprechen und beim BAFA beantragt werden.

Wie du vorgehst:
Vor dem Start der Beratung beim BAFA einen Antrag stellen. Günter Beier begleitet dich bei der Antragstellung. Mehr Informationen auf gebeier.de oder direkt auf bafa.de.

Glossar

Die wichtigsten Begriffe aus diesem Buch kurz erklärt.

Asset Deal

Unternehmensübernahme, bei der der Käufer einzelne Wirtschaftsgüter (Maschinen, Kundenliste, Markenname) kauft. Der Verkäufer behält alle Verbindlichkeiten. Gegenteil: Share Deal.

BWA (Betriebswirtschaftliche Auswertung)

Monatliche Kurzauswertung aus der Buchhaltung. Zeigt Umsatz, Kosten und Gewinn auf einen Blick. Das wichtigste Steuerungsinstrument für jeden Inhaber.

Due Diligence

Sorgfältige Prüfung eines Unternehmens durch den Käufer vor dem Kauf. Umfasst Finanzen, Verträge, rechtliche Risiken und operative Strukturen.

EBITDA

Ergebnis vor Zinsen, Steuern, Abschreibungen. Die wichtigste Kennzahl zur Bewertung der operativen Ertragskraft. Basis für den Multiplikator bei der Unternehmensbewertung.

Holding

Gesellschaft, die Anteile an anderen Gesellschaften hält, ohne selbst operativ tätig zu sein. Dient dem Vermögensaufbau und der steuerlichen Gestaltung.

Inhaberabhängigkeit

Maß dafür, wie sehr ein Betrieb vom Inhaber persönlich abhängt. Hohe Inhaberabhängigkeit senkt den Verkaufspreis erheblich.

KfW

Kreditanstalt für Wiederaufbau. Staatliche Förderbank, die günstige Kredite für Unternehmensübernahmen vergibt.

MBI (Management Buy-In)

Ein externer Manager oder Unternehmer kauft sich in ein bestehendes Unternehmen ein. Gegenteil: MBO.

MBO (Management Buy-Out)

Die eigenen Führungskräfte oder Mitarbeiter kaufen das Unternehmen. Häufige Form der Nachfolge im Mittelstand.

Multiplikator

Faktor, mit dem das normalisierte EBITDA multipliziert wird, um den indikativen Unternehmenswert zu errechnen. Im GaLaBau typisch: 3 bis 4. Erfahrungswert.

Nachkalkulation

Auswertung der tatsächlichen Kosten eines abgeschlossenen Auftrags im Vergleich zur Kalkulation. Zeigt, welche Auftragsart wirklich profitabel ist.

Pflichtteil

Gesetzlicher Mindestanteil am Erbe, der auch dann zusteht, wenn man im Testament nicht berücksichtigt wurde. Hälfte des gesetzlichen Erbteils.

Prokura

Handelsrechtliche Vollmacht, die einer Person das Recht gibt, ein Unternehmen vollständig zu vertreten. Muss ins Handelsregister eingetragen werden.

Share Deal

Unternehmensübernahme, bei der der Käufer Gesellschaftsanteile kauft. Alle Verbindlichkeiten und Risiken gehen mit über.
Gegenteil: Asset Deal.

Verkäuferdarlehen

Der Verkäufer stundet dem Käufer einen Teil des Kaufpreises. Hilft bei der Finanzierung, wenn Eigenkapital oder Bankkredit nicht ausreichen.

Weiterführende Literatur

Weitere Bände aus der Beier Consulting Workbook-Reihe:

Raus aus der Chef-Falle

Inhaberabhängigkeit konkret reduzieren. Der praktische Leitfaden für GaLaBau-Inhaber, die aufhören wollen, die einzige Person zu sein, ohne die nichts läuft.

Vom Gesellen zum Chef

Der Übergang von der Fachkraft zur Führungskraft. Für neue Inhaber und aufsteigende Bauleiter, die Unternehmertum von Grund auf verstehen wollen.

BWA-Bootcamp GaLaBau

Zahlen lesen, verstehen, nutzen. Schritt für Schritt durch BWA, Nachkalkulation und Liquiditätsplanung: ohne Steuerberater-Deutsch.

Alle Bände auf www.gebeier.de